¡BIENVENIDOS A
SANTORINI!

Considerada a menudo una de las islas más bellas del mundo, Santorini es sin duda la perla de las Cícladas y de las islas griegas en general. Casi un millón y medio de turistas la visitan cada año, independientemente de la temporada. Una afluencia enorme para 76 kilómetros cuadrados y apenas unos miles de residentes anuales… La isla alcanza prácticamente un estado de saturación en plena temporada alta. Alejada al sur del archipiélago, Santorini es una Cíclada oriental, accesible en avión. Pero llegar a ella en barco es algo único, sobre todo al atardecer, cuando la luz del final del día hace estallar los colores de esta isla rocosa nacida de las convulsiones de la tierra: ocre, rojo sangre, gris ceniza, antracita… son algunos de los colores volcánicos que emergen aquí. Las *scafta,* las casas blancas trogloditas suspendidas sobre el mar, no contribuyen a disipar el sentimiento de temor que despierta esta formación geológica inesperada que aún se está moldeando: el gigante destructor todavía duerme en su interior, esperando su momento. Fira, la capital insular, merece una visita en sí misma. Pero el lugar más bello de la isla es, sin duda, el pequeño pueblo de Oia, donde acuden multitudes cada atardecer para contemplar la puesta de sol. Con su aspecto de postal gigante, Santorini se ha convertido en uno de los destinos más populares para los recién casados. Lo tendría todo para ser la estrella de las islas griegas, si no fuera por la falta de largas extensiones de arena blanca. Aparte de la pequeña y notable Red Beach, las costas ofrecen pocos lugares para bañarse. ¡Pero Santorini es, de todas formas, mágica!

AF276494

Playa en Akrotiri.

Santorini.

ÍNDICE

Arquitectura típica de Santorini.

© DUTCHLIGHTNETHERLANDS - ISTOCKPHOTO

La isla de Santorini ofrece unas vistas mágicas del mar.
© SANTORINES – ISTOCKPHOTO.COM

DESCUBRE

LO MÁS DESTACADO DE SANTORINI

Encrucijada cultural

Encrucijada cultural y corazón vivo de las Cícladas, Santorini no se parece a ninguna otra isla. Es cierto que puede reivindicar una herencia griega, ya que sus habitantes no se libran de ninguna de las tradiciones nacionales, ya sean religiosas o sociales. Así, encontrará calma y tranquilidad al estilo mediterráneo en algunos pueblos, en las terrazas de los cafés, en las playas, en las zonas rurales... Pero hay un contraste, con el turismo de masas, el ambiente ha cambiado en algunos lugares, sobre todo en las ciudades: lujo, vida nocturna dinámica, precios elevados... La isla se distingue de sus vecinas por todo esto.

Tierra de vinos

Un destino cada vez más popular para el enoturismo. Las variedades únicas de uva de la isla pueden conocerse visitando las numerosas bodegas del interior. Algunas variedades de vino blanco y *emigliko* (tinto semidulce afrutado) son deliciosas y no hay que perdérselas. La estrella de estos vinos es sin duda el *vinsanto*, un vino espeso, ligeramente dulce y fuerte, que puede disfrutarse como aperitivo o como digestivo.

© FEFERONI – ADOBE STOCK

Viñedos.

© NETFALLS REMY MUSSER – SHUTTERSTOCK.COM

Las viñas de Santorini le sorprenderán, ya que nunca se riegan, salvo por la lluvia, y las ramas se enredan en unas curiosas cestas sobre el suelo.

En todas las estaciones

A diferencia de sus hermanas de las Cícladas, donde la afluencia de turistas empieza a descender a finales de octubre y las infraestructuras turísticas se paralizan, antes de empezar a reanimarse lentamente hacia abril, Santorini es una isla donde la vida nunca se detiene. Aquí la llegada de turistas es constante, y aunque algunas tabernas y pensiones de la isla cierran, Fira, la capital, vive todo el año al mismo ritmo frenético del verano.

Patrimonio cultural

El patrimonio histórico y artístico de Grecia es inmenso. Nunca podrá volver a casa con la sensación de haberlo visto todo, porque cada pueblo está repleto de tesoros antiguos, capillas bizantinas, ruinas, claustros o cuevas que esconden hidras invencibles… Las ruinas minoicas de las antiguas ciudades de Fira y Akrotiri son una buena muestra de este extraordinario patrimonio.

La fiesta en lo cotidiano

Grecia es un país de fiestas arraigadas en la tradición. En Santorini, es tan probable encontrar un pequeño café de pueblo con música tradicional griega, donde brindar por el día sin un minuto de respiro entre dos vasos de *tsipouro*, como bares de playa y clubes nocturnos con una clientela predominantemente internacional que ha venido para pasar veladas *memorables* (es decir, de esas que se olvidan al día siguiente).

FICHA TÉCNICA

País

▶ **Nombre oficial de Grecia:** República Helénica.

▶ **Capital de Grecia:** Atenas.

▶ **Superficie total de Grecia:** 131 957 km².

▶ **Idioma oficial:** Griego moderno.

▶ **Capital de Santorini:** Fira (Thira).

▶ **Superficie de Santorini:** 76,19 km².

Población

▶ **Número de habitantes de Grecia:** 10 720 004 (2022).

▶ **Número de habitantes de Santorini:** aproximadamente 15 480 (2021).

▶ **Densidad de población en Santorini:** 203 hab/km² (2022).

▶ **Esperanza de vida:** 84,2 años para las mujeres y 79 años para los hombres (2022).

Economía

▶ **Moneda:** euro.

▶ **PIB:** 181 670 millones de euros (2021).

▶ **PIB per cápita:** 17 010 euros (2021).

▶ **Tasa de crecimiento:** 8,4 % (2021).

▶ **Tasa de desempleo:** 12,2 % (2022).

▶ **Tasa de inflación:** 9,1 % (2022).

▶ **Deuda pública:** 182,1 % del PIB (2022).

Huso horario

Entre Madrid y Atenas hay una pequeña diferencia horaria: ¡una hora! Así pues, cuando en España es mediodía, en Santorini serán las trece horas.

Clima

Aunque el clima de Grecia se define en global como mediterráneo templado, difiere de una región a otra. Las islas Cícladas disfrutan de un clima mediterráneo clásico, con inviernos bastante suaves y veranos muy calurosos y secos. Sin embargo, hay que tener en cuenta que los inviernos pueden ser muy húmedos y, por tanto, frescos, a pesar de las suaves temperaturas que se registran. Además, como las casas no tienen calefacción, puede resultar especialmente duro visitar las islas en invierno. En verano, las temperaturas medias oscilan entre 27 °C y 31 °C, aunque a veces se alcanzan los 40 °C.

Sobrevolando Santorini.

SANTORINI EN DIEZ PALABRAS

Burros

Los burros son los animales emblemáticos de Santorini. Presentes en gran número desde hace mucho tiempo, antaño los utilizaban los trabajadores agrícolas, o también eran usados para transportar mercancías entre los pueblos. Hoy en día, los arrieros realizan trayectos entre los puertos y los pueblos (en la caldera, es decir, en las arduas cuestas) para que los turistas no tengan que caminar: por ejemplo, para subir los 587 escalones que separan el puerto de Fira de la capital. Pero los animales se ven obligados a hacer estos extenuantes viajes de ida y vuelta durante todo el día, así que, por su bien, ¡disfrute del ejercicio y de un agradable paseo para subir desde el puerto!

Atlántida

¿Se encuentran los restos de esta legendaria civilización en algún lugar de la costa de Santorini, como se afirma en la isla? A pesar de las numerosas inexactitudes de los relatos de Platón, existen varios argumentos históricos para situar la Atlántida en el perímetro griego? ¿Podrían estar grabados en la caldera los secretos del declive de la civilización minoica?

Azul

Es a la vez un tópico y una realidad en las Cícladas: casas de un blanco deslumbrante junto a iglesias con cúpulas de un azul resplandeciente, playas doradas que rodean un mar azul turquesa… Durante los Juegos Olímpicos, el azul de las camisetas oficiales fue incluso bautizado como «azul Santorini». También es el color de la bandera griega, que dio su apodo a la selección nacional de fútbol: *Galanolefki,* que significa «azul cielo-blanco».

Caldera

Santorini es una isla volcánica. Antes era perfectamente redonda, pero actualmente, debido a las repetidas erupciones de lava, está partida en tres. Por eso se la conoce como la «Caldera de Santorini», término geológico que hace referencia a la destrucción de un volcán por su propia actividad, creando un inmenso acantilado, vertical y circular, como si el corazón del volcán hubiera caído al agua. La isla más grande y conocida del archipiélago de Santorini es Fira, que se enfrenta a tres islotes: Thirassia, Paléa Kaméni y Néa Kaméni. El islote de cráter volcánico de Néa Kaméni se puede visitar, lo que lo convierte en una de las excursiones más atractivas para las riadas de turistas que se acercan a Santorini cada año.

Atardeceres

Nada es más famoso en Santorini que las puestas de sol, una auténtica atracción turística que convoca a multitudes con sus cámaras cada atardecer, en torno a las 20 horas en verano. De un extremo a otro de la isla, con ciertos puntos privilegiados, como en las alturas del pueblo de Oia, cada atardecer es una nueva oportunidad para conseguir la mejor instantánea y disfrutar una vez más del impresionante espectáculo de la naturaleza que transforma el archipiélago en una paleta de vivos colores.

Mezzes

Tzatziki, taramosalata, caviar de berenjena (*melitsanosalata*), puré de ajo (*skordalia*), judías blancas gigantes en salsa de tomate (*gigantes*), etc. Comparables a las tapas españolas, los *mezzes* (o *mezze*) son más un hábito gastronómico griego que una especialidad culinaria de las Cícladas. Se comen en *ouzerías,* para una comida en grupo: todos los pequeños platos se piden juntos y se comparten. En las islas, es frecuente encontrar ensalada de pulpo, *fava* de Santorini (puré de guisantes partidos) y buñuelos de calabacín.

Bodas

La foto es siempre la misma: el mar al fondo y dos enamorados posando frente a una capilla encalada que domina el conjunto con su cúpula azul. En Santorini se celebran muchas bodas, y varias veces al día. Tanto en los lugares más populares (Oia…) como en sitios insospechados (en el tejado de una capilla), se puede ver a recién casados fotografiando su romántico momento frente al mar Egeo.

Turismo

Santorini, una isla cuya belleza es conocida en todo el mundo. ¿El resultado de esta fama? Decenas de miles de turistas la visitan cada día en temporada alta. La pequeña isla griega apenas está preparada para esta afluencia constante de viajeros, y las infraes-tructuras son a veces insuficientes, sobre todo en los pueblos de la isla.

Vinsanto

El *vinsanto* es un vino dulce que solo se produce en Santorini, y que se sitúa entre los mejores vinos de postre del mundo. Procede de la célebre uva athiri. El *vinsanto,* con sus notas de membrillo, de higo… pero también de caramelo o miel, es un vino afrutado. ¡Es delicioso con queso! Un buen *vinsanto* es un pedazo de la isla.

WC

No se preocupe, la isla cuenta con numerosas instalaciones sanitarias modernas. Solo hay un detalle: está prohibido tirar papel higiénico en la taza del váter; hay que tirarlo en una papelera que suele haber prevista para ello. El mismo cartelito en griego e inglés se lo recordará en la mayoría de los hoteles y restaurantes. Pero no lo olvide si no quiere poner a prueba la hospitalidad griega. De lo contrario, corre el riesgo de desbordar los retretes de sus anfitriones (ya que no hay alcantarillado).

© RAMANN – ISTOCKPHOTO.COM

Las bodas son habituales en la isla de Santorini.

PINCELADAS SOBRE SANTORINI

Geografía

▶ **Las islas Cícladas** se dividen en tres grupos principales según su posición, de oeste a este: las Cícladas occidentales, las Cícladas centrales y las Cícladas orientales, de las que forma parte Santorini. Las aisladas Cícladas Menores, que funcionan casi como satélites de Naxos, se presentan como un subgrupo aparte.

▶ **En términos de superficie,** con 76 km², Santorini es una isla relativamente pequeña en comparación con algunas de sus vecinas. Naxos, por ejemplo, es la mayor isla de las Cícladas, con una superficie de 430 km² de un total de unos 2530 km² (de todo el archipiélago). A continuación están Andros (380 km²) y Paros (196 km²), seguidas de una sucesión de islas medianas y pequeñas, hasta llegar a Schinoussa, en las Cícladas Menores, de tan solo 8 km².

▶ **Volcánicas y calcáreas,** las islas Cícladas ofrecen una gran variedad de paisajes. La geografía general de Santorini, sin embargo, puede resumirse así: mesetas rocosas de tamaño variable y relieve accidentado (la caldera o cráter volcánico de Santorini), rodeadas de costas a menudo abruptas. En esta parte del Egeo, son raras las corrientes peligrosas, pero el *meltemi*, un viento que sopla de norte-noroeste, puede ser violento y hacer impracticable la navegación.

▶ **En cuanto al resto del país, Grecia forma una península en el sureste de Europa** y tiene una superficie de 131 957 km². Una quinta parte de esta superficie corresponde a las dos mil islas e islotes del país, repartidas por los mares Egeo y Jónico, entre la isla de Corfú al oeste, la isla de Rodas al este y la isla de Creta al sur. 154 de estas dos mil islas están habitadas, lo que representa el 15 % de la población griega. Las islas se dividen en siete grandes grupos: islas Jónicas, Sarónicas, Cícladas, Cícladas orientales, Dodecaneso, las islas del Egeo y las Espóradas. Las dos islas mayores, Creta y Eubea, quedarían fuera de esta distribución.

Cuatro mil de los quince mil kilómetros de costa de Grecia corresponden a los contornos del continente, a los que hay que añadir los once mil kilómetros de costa de las islas.

▶ **En cuanto al relieve,** el 80 % del país es montañoso y dos tercios del territorio presentan una morfología accidentada. Los montes Pindo atraviesan el país de noroeste a sureste. El contraste entre la montaña más alta del país (el monte Olimpo, con 2917 metros) y las aguas azules del Mediterráneo es impresionante; es una de las principales estampas de la geografía griega. Los ríos más largos del país son el Aliakmon, de 297 kilómetros, y el Acheloos, pero ninguno es navegable.

▶ **Divisiones administrativas.** En el norte, una frontera de 1180 kilómetros separa Grecia de Albania, Macedonia del Norte, Bulgaria y Turquía. Grecia está dividida en 51 departamentos (*nomoi*) y 13 regiones (*periferias*), cuatro de ellas insulares: Islas Jónicas, Egeo Septentrional, Egeo Meridional y Creta. El Monte Athos tiene un estatuto independiente como república monástica autónoma.

Clima

Aunque el clima de Grecia es globalmente mediterráneo templado, difiere de una región a otra. Las islas Cícladas disfrutan de un clima mediterráneo clásico, con inviernos bastante suaves y veranos muy calurosos y secos. Sin embargo, hay que tener en cuenta que los inviernos pueden ser muy húmedos y, por tanto, frescos, a pesar de las suaves temperaturas que se registran. Además, como las casas no tienen calefacción, puede resultar especialmente duro visitar las islas en invierno. En verano, las temperaturas medias oscilan entre los 27 °C y los 31 °C, con picos de 40 °C.

Pero muy a menudo, este calor no se siente realmente, debido a un poderoso viento del norte, el *meltemi*. Este viento, que recorre la costa oriental de la Grecia continental y las islas del mar Egeo (sobre todo las Cícladas), suele ser bienvenido en verano, pero no tanto en invierno. Al principio y al final de la temporada (mayo y octubre) el *meltemi* puede ser una desagradable sorpresa para los turistas que hayan olvidado sus jerseys de lana y sus cortavientos. A veces muy violento, altera los horarios de los transbordadores (sobre todo los hidroalas, que son los primeros en cancelarse en caso de fuertes vientos)

y hace intransitables algunas de las playas más expuestas de la costa oeste. Santorini es la más meridional de todas las islas Cícladas. Por ello, cabe esperar inviernos suaves, a veces lluviosos (de octubre a marzo), y veranos soleados y muy calurosos. Las estaciones de otoño y primavera son muy cortas, por lo que la larga duración de la estación seca de verano da lugar a un paisaje árido. Gracias a la brisa marina, el calor estival de la isla es en gran medida soportable. Sin embargo, mayo/junio y septiembre/octubre son las mejores estaciones en cuanto a clima.

Medioambiente

La importancia de salvaguardar y proteger el medioambiente es una preocupación muy reciente pero creciente en Grecia. Durante mucho tiempo, la naturaleza fue sacrificada en aras de las tradiciones y las necesidades económicas del país. El olivo, por ejemplo, el árbol favorito de los griegos por su aceite y su madera, es directamente responsable de la aridez del suelo y del paisaje rocoso de gran parte de Grecia. De hecho, en la antigüedad los griegos empezaron a destruir los bosques primigenios para sustituirlos por olivos, pero como estos no tenían raíces superficiales que mantuvieran fijado el suelo, las capas fértiles fueron arrastradas poco a poco por la erosión.

La expansión de la marina griega y la construcción naval, seguidas de la explosión del turismo y los incendios forestales, fueron muy negativos para la protección medioambiental. Todos estos factores han provocado una deforestación excesiva, con consecuencias nefastas para el país.

DESCUBRE

Por ello, en los últimos años se han adoptado numerosas medidas nacionales y locales para combatir la deforestación. La Unión Europea también apoya el vasto proyecto ecológico de Grecia.

Sin embargo, muchos griegos siguen sin ser conscientes de la importancia de este asunto y continúan abusando del medio ambiente, construyendo complejos hoteleros a su antojo o simplemente vertiendo sus residuos domésticos en el campo.

En las Cícladas, uno de los principales retos ecológicos es el acceso al agua dulce. Muchas de las islas no son auto-suficientes en este aspecto, y se están haciendo esfuerzos para conservar las reservas y aprovechar al máximo los recursos de agua dulce. Desde épocas remotas, Santorini no puede regar sus viñedos, por lo que las vides se riegan solo de forma natural, con agua de lluvia, durante el invierno, lo que da a las variedades de uva de la isla un carácter distintivo.

Flora y fauna

Grecia posee una riqueza de flora y fauna sin parangón en Europa. Debido a su aislamiento, las islas albergan numerosas especies endémicas.

La primavera comienza a principios de marzo en las regiones más cálidas y alcanza su apogeo en mayo, cuando las seis mil especies diferentes de flores silvestres tapizan todos los rincones de Grecia. Aunque esta riqueza floral no sobrevive al calor del verano, el otoño trae una segunda primavera gracias a la multitud de flores otoñales, como los azafranes.

Respecto a la flora, Santorini cuenta con las plantas y árboles mediterráneos más clásicos: pinos, higueras, olivos, eucaliptos, granados... La mejor época para visitar la isla es en primavera, tras la breve estación de lluvias, cuando los árboles están en plena floración.

La fauna griega es especialmente rica, y los aficionados a la ornitología estarán encantados. Más de la mitad de las aves migratorias conocidas de Europa pasan por Grecia y sus islas, y aún quedan algunas raras parejas de águilas perdiceras, una especie en peligro de extinción en el Mediterráneo. En Santorini se pueden observar aves, tanto migratorias como de otro tipo, algunas de ellas extremadamente raras para los entendidos. Por lo demás, son los lagartos y los insectos los que dan que hablar en la isla. Y, por supuesto, hay una gran variedad de peces nadando en las aguas circundantes.

Terraza de un hotel.

HISTORIA

Según los geólogos, las Cícladas se formaron como resultado de numerosos terremotos y explosiones volcánicas, tras la separación de Asia Menor y la Grecia continental.

▶ **Civilización cicládica.** Las excavaciones arqueológicas han demostrado que el archipiélago ya estaba habitado en el 6000 a. C., pero fue en torno al 3000 a. C. cuando se desarrolló una civilización notable. Los hallazgos de Milos, Naxos, Syros y Keros demuestran que, durante el auge de la civilización cicládica, los habitantes vivían en aldeas organizadas, se dedicaban al comercio, la pesca y la agricultura, y fabricaban vasijas, herramientas de obsidiana y una amplia gama de objetos que facilitaban su vida cotidiana. Los ídolos de mármol de Paros se distribuyen hoy en diferentes museos. Su forma esquemática recuerda al arte abstracto contemporáneo.

▶ **Civilización minoica (2000 a 1500 a. C.).** A partir del segundo milenio antes de Cristo, el archipiélago recibió la influencia de la floreciente civilización minoica, originaria de Creta. En aquella época, la gran isla tenía prácticamente el monopolio del comercio marítimo en el Mediterráneo. Cnosos, su capital, reunía a artistas del más alto nivel y las casas de su palacio tenían un grado de confort y refinamiento inimaginable hoy en día. En el ámbito deportivo, se reservaba un lugar especial a la tauromaquia. Al frente de una gran flota, el rey Minos conquistó las Cícladas y les transmitió ciertos aspectos de la brillante civilización cretense. Su repentina y misteriosa desaparición, hacia 1500 a. C., sigue siendo un enigma de la historia. Se cree que fue causada por una invasión o, más probablemente, por un terremoto en la caldera del volcán de Santorini.

▶ **Civilización micénica (1500 a 1100 a. C.).** Aproximadamente en la misma época, los aqueos, procedentes del norte, conquistaron gran parte de Grecia y fundaron varias ciudades, de las cuales Micenas fue la más floreciente. Hacia 1200 a. C., unidas por primera vez, todas las tribus griegas se lanzaron a la conquista de la ciudad de Troya, cuyo asedio duró diez años. Según la leyenda, el objeto de esta guerra fue el rapto de la bella Helena, esposa de Menelao, rey de Esparta, por Paris, hijo de Príamo, rey de Troya. Homero relató los detalles de esta aventura en la *Ilíada,* aunque nunca ha sido confirmada por los hallazgos arqueológicos. Solo sabemos que hacia el siglo XI a. C., los griegos se asentaron en Asia Menor. Casi al mismo tiempo, llegaron a Grecia los dorios, una tribu más belicosa que los aqueos. Los dorios conquistaron casi todo el país, excepto Eubea y Ática, destruyendo a su paso la civilización micénica e introduciendo un modo de vida basado en la disciplina militar.

▶ **Periodo geométrico y arcaico (1100 a 500 a. C.).** En las regiones donde no llegaron los dorios, las artes siguieron floreciendo, como demuestran los vasos con motivos geométricos que datan de este periodo.

Alrededor del año 900 a. C. se creó un alfabeto, y en el siglo VII a. C. comenzó a extenderse el término «helénico», que englobaba a todas las poblaciones de origen griego. Según la mitología, Zeus, enfadado con la humanidad, provocó un cataclismo para castigarla, haciendo que pereciera todo el mundo excepto el rey Deucalión y su esposa Pirra, que se refugiaron en una barca en la cima del monte Parnaso. Siguiendo el consejo del oráculo de Delfos, la pareja arrojó piedras tras de sí que se transformaron inmediatamente en seres humanos.

El hijo de Deucalión, Helén, tuvo tres hijos, Doro, Eolo y Juto, y dos nietos, Aqueo y Ion, que dieron nombre a las tribus griegas. Es el periodo denominado «arcaico», cuando se desarrollaron en Siria, Italia, Sicilia, Egipto, el Ponto Euxino (el mar Negro) y Liguria importantes colonias griegas. En esta época, el gobierno aristocrático dio paso al gobierno de los tiranos, mientras Esparta y Atenas se disputaban la hegemonía entre las tribus griegas.

Los jonios se asentaron en la mayoría de las islas, organizadas en ciudades-estado. Las Cícladas vivieron una nueva edad de oro después del siglo VII a. C., con el desarrollo del comercio y el establecimiento de talleres artísticos que produjeron objetos como las ánforas de Milos. Fue durante este periodo cuando Delos se convirtió en un importante centro religioso.

▶ **Periodo clásico (500 a 300 a. C.).** Gracias a las reformas de Solón, la magistral administración de Pisístrato y la obra de Clístenes, verdadero fundador de la democracia, comienza el auge de Atenas, mientras que Esparta,

disciplinada bajo las austeras leyes de Licurgo, se convierte en una poderosa ciudad guerrera. El Imperio persa en expansión choca con las ciudades griegas. Las islas Cícladas se aliaron con Atenas en su lucha contra los persas: fue la Liga de Delos.

En 490 a. C., los atenienses triunfaron sobre el ejército de Darío, rey de los persas, en Maratón; en 480, la flota griega destruyó la de Jerjes, sucesor de Darío, en Salamina. Mientras tanto, los espartanos libraron la heroica batalla de las Termópilas, en la que Leónidas y trescientos hombres lucharon contra el enemigo persa con la certeza de que moriría hasta el último hombre. En 479, los griegos triunfaron de nuevo sobre los persas en la batalla de Platea. Todas estas victorias contribuyeron a hacer de Atenas el centro del mundo griego. La Acrópolis estaba dotada de templos maravillosos, los artistas creaban obras maestras y la filosofía florecía con Sócrates y Platón.

La ciudad pudo por fin consolidar unas instituciones democráticas no solo ejemplares para su época, sino sin precedentes en la historia del mundo occidental. Este fue el famoso siglo de Pericles. La democracia griega estableció un sistema fiscal que intentaba tener en cuenta los diferentes niveles económicos de los ciudadanos y buscaba ofrecer a los más pobres los medios para educarse y asistir a actos culturales a costa de la ciudad. Todo ciudadano libre podía participar en la administración pública, así como ejercer un control sobre el buen funcionamiento de las instituciones. Es comprensible que una sociedad así diera a luz a hombres como Heródoto, Esquilo y

BREVE HISTORIA DE SANTORINI

▶ **Actividad volcánica y sísmica.** Una mirada más atenta al mapa de las Cícladas revela que lo que comúnmente se conoce como «isla de Santorini» es en realidad la unión de tres islas: la principal, Fira, y los islotes de Therasia y Aspronisi. De hecho, todas ellas son fragmentos de una isla mayor que quedó dividida por una erupción que se estima que tuvo lugar en 1628 a. C. Se dice que el maremoto diezmó muchas de las ciudades costeras, y con ellas las flotas de guerra y mercantes del Imperio minoico. La isla debía ser redonda, con un volcán en su centro, ahora sumergido bajo el agua. De hecho, Santorini es actualmente una isla en forma de media luna con una caldera de 85 kilómetros cuadrados, una de las mayores del mundo, frente a dos islotes.

La última erupción del volcán de la isla finalizó en febrero de 1950, tras varias semanas de flujo, pero fue bastante débil. En 1956 un terremoto sacudió Santorini y causó importantes daños materiales, alrededor de cincuenta muertos y casi doscientos heridos. En 2011 y 2012, unos diez millones de metros cúbicos de magma se añadieron a la cámara magmática de la isla, provocando su elevación y haciendo temer otra erupción. A finales de enero de 2025, la frecuente actividad sísmica, con más de 3000 terremotos, ha hecho temer una nueva erupción en la isla.

▶ **Pobladores de la isla.** La isla ha conocido diversos pueblos, siendo habitada primero, en la época arcaica, por los fenicios; más tarde formó parte de la Liga de Delos, perteneció al Egipto ptolemaico, al Imperio romano, que después se convertiría en el Imperio bizantino, al ducado de Naxos, a los venecianos durante casi tres siglos, a los turcos y, a partir de 1840, a los griegos, gracias al Tratado de Londres. Así, como Grecia y la mayoría de sus islas, Santorini es una encrucijada cultural donde se mezclan las influencias de muchos pueblos, ahora armoniosamente, en la arquitectura, la cocina…

DESCUBRE

Fidias. Por desgracia, los milagros no pueden durar y la mortífera guerra del Peloponeso, con la victoria de Esparta (en 400 a. C.), cambió para siempre la civilización ateniense. Unir Grecia había sido uno de los sueños de Filipo II, rey de Macedonia. Pero lo que él no pudo conseguir —Filipo II fue asesinado— lo conseguiría su hijo Alejandro. Cuando las difíciles condiciones de vida que debía soportar un soldado le causaron la muerte en el año 323 a. C., en el apogeo de su gloria, Alejandro Magno solo tenía 33 años. Hoy resulta difícil imaginar cómo este joven rey pudo, en tan poco tiempo, conquistar y unir Grecia, y luego dirigir una campaña contra los persas que le llevaría hasta Asia Menor, Siria, Egipto, Persia y la India, lugares todos ellos en los que aún pueden encontrarse huellas de su paso y de la influencia de la civilización griega.

CRONOLOGÍA

Grecia en la Antigüedad

▶ **2800 a 2200 a. C. >** Civilización cicládica.

▶ **2000 a 1450 a. C. >** Civilización minoica en Creta.

▶ **1400 a 1000 a. C. >** Civilización micénica.

▶ **Hacia 1200 a. C. >** Civilización dórica.

▶ **490 a. C. >** La primera guerra médica terminará con la victoria de los atenienses en Maratón sobre los persas de Darío I.

▶ **480 a. C. >** Tiene lugar la segunda guerra médica, que finalizará con la victoria de los griegos en Salamina, bajo el mando de Temístocles, sobre los persas de Jerjes I.

▶ **450 a 429 a. C. >** Es la época de Pericles y del apogeo de Atenas.

▶ **431 a 404 a. C. >** Comienza la guerra del Peloponeso; Esparta saldrá victoriosa.

▶ **359 a. C. >** Ascenso al trono de Filipo II de Macedonia.

▶ **364 a 324 a. C. >** Las conquistas de Alejandro Magno le llevarán hasta la India. Muere en el 323 a. C.

El helenismo en la época romana y en el Imperio bizantino

▶ **146 a. C. >** Grecia cae bajo dominio romano, y más tarde se convierte en provincia romana bajo el emperador Augusto.

▶ **330 >** Fundación de Constantinopla, capital del Imperio romano.

▶ **395 >** Creación del Imperio romano de Oriente o Imperio bizantino (395-1453), de lengua y civilización griegas, con Constantinopla como capital.

▶ **863 >** Cirilo y Metodio inician la evangelización de los eslavos y crean el alfabeto cirílico.

▶ **Siglos XI y XII >** Florece el humanismo bizantino.

▶ **1054 >** Cisma entre la Iglesia católica romana y la Iglesia ortodoxa griega.

▶ **1204 >** La cuarta cruzada, dirigida por los venecianos, toma Constantinopla. El Imperio bizantino vive el periodo conocido como la *francocracia*.

▶ **1261 >** Miguel Paleólogo funda la dinastía de los Paleólogos. Se reconstituye el Imperio bizantino.

▶ **Siglos XIII y XIV >** En Bizancio se produce un renacimiento cultural.

▶ **1453 >** Mohamed II toma Constantinopla, hecho que consagra el fin del Imperio bizantino. Grecia queda bajo dominio turco. Creta no fue tomada por los otomanos hasta 1669.

Dominación otomana

▶ **Finales del siglo XVIII >** Comienza el renacimiento helénico.

▶ **1768-1774 >** Rusia obtiene un derecho de protección para los griegos del Imperio otomano tras la guerra ruso-turca.

▶ **1770 >** Los griegos se sublevan contra los turcos en el Peloponeso. De 1790 a 1803 es el turno de la sublevación en el Epiro.

▶ **1821 >** Inicio del levantamiento griego contra los turcos. Los héroes griegos de la independencia destacan por su valor: Botzaris, el arzobispo Germanos, Mavromichalis, Ypsilantis, Mavrocordatos, Kolokotronis, Karaiskakis, Makrigiannis…

▶ **1822 >** La Asamblea Nacional de Epidauro proclama la independencia de Grecia. Los turcos cometen una masacre con los griegos de la isla de Quíos. Missolonghi, ciudad donde morirá el poeta inglés Lord Byron en 1824, es asediada.

▶ **1827 >** En la batalla de Navarino, franceses, británicos y rusos destruyen la flota turco-egipcia.

▶ **1829 >** El Imperio otomano firma el tratado de Andrinópolis, reconociendo así la autonomía de Grecia.

▶ **1830 >** Protocolo de Londres: reconocimiento de hecho de la independencia griega.

El nuevo Estado griego

▶ **1831 >** Ioannis Kapodistrias (Juan Antonio Capo d'Istria) es asesinado. Por imposición de las potencias extranjeras (franceses, británicos y rusos), Otón de Baviera se convierte en rey de Grecia a los 18 años.

▶ **1863 >** Jorge I, príncipe danés, accede al trono.

▶ **1875 >** Bajo la presión de los liberales, el régimen evoluciona hacia un sistema parlamentario.

▶ **1909 >** Un golpe de estado dirigido por una liga militar obliga a Jorge I a nombrar primer ministro a Elefthérios Venizélos.

▶ **1912-1913 >** Tras las guerras balcánicas, Grecia va ampliando poco a poco su territorio.

▶ **1918 >** Grecia se une a los aliados en la Primera Guerra Mundial.

▶ **1919 >** Los tratados posteriores a la guerra conceden a Grecia Tracia, las islas de Imbros y Ténedos y la región de Esmirna, en Asia Menor.

▶ **1923 >** El Tratado de Lausana consagra la victoria turca en la guerra que opuso Grecia a Turquía en 1921. Se organiza un intercambio de población entre los dos países. El rey Constantino abdica. Su hijo, Jorge II, accede al trono pero también abdica poco después.

▶ **1924 >** Proclamación de la República. Venizélos accede de nuevo al poder e intenta estabilizar el país.

▶ **1935 >** El rey Jorge II regresa y restablece la constitución de 1911.

▶ **1936 >** Venizélos fallece en París. El general Metaxas instaura un régimen autoritario.

▶ **1940-1941 >** Italia ataca Grecia pero se encuentra en una posición difícil. Los alemanes intervienen y ocupan toda Grecia hasta octubre de 1944.

▶ **1946-1949 >** Comienza la guerra civil griega, que finalizará con la derrota de los comunistas.

Grecia contemporánea

▶ **1952 >** Grecia ingresa en la OTAN.

▶ **1963-1965 >** Se establece un gobierno de la Unión de Centro dirigido por Geórgios Papandréou.

▶ **1965-1967 >** Papandréou dimite y varios gobiernos conservadores apoyados por el rey gobiernan el país sucesivamente.

▶ **1967 >** Una junta militar dirigida por el general Papadopoulos fomenta un golpe de estado. La denominada «dictadura de los coroneles» durará hasta 1974.

▶ **1974 >** Un golpe de estado en Chipre derroca al presidente Makarios. El ejército turco interviene y sigue ocupando la parte norte de la isla. Se restablece la democracia en Grecia y Caramanlis se convierte en presidente del gobierno.

▶ **1981 >** Los socialistas acceden al poder bajo el liderazgo de Andréas Papandréou. Grecia ingresa en la Comunidad Económica Europea.

▶ **Abril de 1990 >** Konstantínos Mitsotákis se convierte en primer ministro tras la victoria de la derecha en las elecciones legislativas.

▶ **Octubre de 1993 >** Se organizan elecciones anticipadas y gana el partido socialista, el PASOK. Andréas Papandréou vuelve a ser primer ministro. Dimitirá por motivos de salud en enero de 1996.

▶ **Septiembre de 1996 >** El partido socialista PASOK gana las elecciones legislativas. Costas Simitis se convierte en primer ministro y seguirá siéndolo hasta 2004.

▶ **1 de enero de 2002 >** Grecia adopta la moneda única.

▶ **2004 >** En marzo, el partido de derechas Nueva Democracia gana las elecciones legislativas. Kostas Karamanlís se convierte en primer ministro.

▶ **2004 >** En agosto se celebran en Atenas los Juegos Olímpicos.

▶ **19 de abril de 2005 >** Grecia es el sexto país que ratifica el texto de la Constitución europea.

▶ **2006 >** Por primera vez, Grecia preside el Consejo de Seguridad de la ONU, durante todo el mes de septiembre, como miembro no permanente.

▶ **2007 >** El partido de derechas Nueva Democracia gana las elecciones legislativas anticipadas de septiembre. Kostas Karamanlís se convierte, por segunda vez consecutiva, en primer ministro, mientras que en noviembre el socialista Géorgios Papandréou es reelegido líder del PASOK.

▶ **Octubre de 2009 >** Los socialistas de Géorgios Papandréou ganan las elecciones legislativas anticipadas convocadas por el primer ministro conservador Kostas Karamanlís tras seis años en el gobierno. El PASOK accede al gobierno durante cuatro años y decide sincerarse sobre el déficit presupuestario del país.

▶ **Abril de 2010 >** Se da un paso más cuando la agencia de calificación Standard & Poor's hace una evaluación alarmante de la economía general del país. Se prevén medidas drásticas, que no son bien recibidas por la población.

▶ **Octubre de 2011 >** Europa valida un plan de rescate y reduce la deuda de Grecia en un 50 % a cambio de imponer medidas drásticas en el país. La deuda debe reducirse al 120 % del PIB entre 2011 y 2020: mucho esfuerzo para alcanzar una ratio de endeudamiento que sigue duplicando el techo fijado por el Tratado de Maastricht. Tras haber sugerido la idea de un referéndum, que no fue bien recibida en Bruselas, Géorgios Papandréou opta por dimitir.

▶ **Junio de 2012 >** Andonis Samarás, líder del partido conservador Nueva Democracia, gana las elecciones legislativas de junio de 2012 y lidera un gobierno de unidad nacional.

▶ **2015 >** La izquierda radical (Syriza) gana las elecciones legislativas de enero. Alexis Tsipras forma el primer gobierno no compuesto por los dos grandes partidos (Nueva Democracia y PASOK) que han dominado la escena política del país durante cuarenta años. Tras perder la mayoría en el parlamento, después de la votación de un tercer paquete de ayudas y medidas de austeridad, Alexis Tsipras dimite y convoca nuevas elecciones parlamentarias el 20 de septiembre, que vuelve a ganar. Es reelegido primer ministro.

▶ **Desde 2016>** Nuevas reformas aplicadas en el marco del último rescate de la Unión Europea. Las manifestaciones se reanudan de forma intermitente.

▶ **Junio de 2017 >** La UE, el FMI y Grecia negocian un préstamo para aliviar la deuda griega.

▶ **Agosto de 2018 >** Fin del plan de austeridad. Retorno al crecimiento.

Viejo puerto de Fira.

▶ **Julio de 2019 >** Las elecciones legislativas marcan el regreso del bipartidismo y son ganadas por el partido de centroderecha Nueva Democracia, liderado por el exministro Kyriákos Mitsotákis, con casi el 40 % de los votos.

▶ **Enero de 2020 >** Ekateríni Sakellaropoúlou es la primera mujer elegida presidenta de la República Helénica.

▶ **Mayo de 2023 >** Aunque debilitado por gigantescos incendios cada verano, un escándalo de escuchas (2022) y un grave accidente ferroviario (57 muertos en febrero de 2023), Mitsotakis retuvo el poder.

▶ **2024 >** A pesar de las presiones de la Iglesia, el Parlamento votó a favor del matrimonio igualitario.

▶ **Periodo helenístico (300 a 214 a. C.).** La unidad de las ciudades griegas no sobrevivió a Alejandro Magno. El mundo griego entró en un periodo de decadencia del que se beneficiaron los romanos. Enfrentados entre sí, los generales de Alejandro crearon nuevos reinos donde florecieron ciudades como Alejandría y Pérgamo. Eran centros en auge que atraían a muchos científicos y artistas, al tiempo que agotaban los recursos humanos del país. Era la época de Epicuro, Zenón, el padre del estoicismo, y las estatuillas de Tanagra.

▶ **Periodo romano (214 a. C. a 200 d. C.).** Los conflictos internos y la emigración a las colonias de Asia Menor dejaron a Grecia debilitada, presa fácil de la nueva potencia emergente, Roma. Corinto, el último bastión, cayó en el 146 a. C. Sin embargo, la civilización griega atrajo a los nuevos conquistadores, que la aceptaron, adoptaron y ayudaron a difundirla. El emperador Adriano, en particular, contribuyó en gran medida al desarrollo del país, mientras que mecenas como Herodes Ático construyeron importantes monumentos.
En el año 50, el apóstol Pablo visitó Grecia e introdujo el cristianismo en la región. Los Evangelios, escritos en griego, destronaron pronto al panteón olímpico.

▶ **Periodo bizantino (330 a 1453).** Fundador de Constantinopla en 330, el emperador Constantino sentó las bases del gran Imperio bizantino que, durante los once siglos de su existencia, tuvo que hacer frente a numerosos enemigos: los persas, los árabes, los turcos, los hunos, los eslavos, etc. La punta de lanza de este imperio, la Iglesia bizantina —su ruptura con Roma data de 1054—, era muy poderosa, y sus monasterios sorprendentemente prósperos. A lo largo de los siglos, los legisladores bizantinos tomaron ciertas medidas en favor de las mujeres: les garantizaron el disfrute de sus bienes, prohibieron el repudio y concedieron a la madre los mismos derechos que al padre sobre los hijos. También se fomentaron las obras sociales, con la creación de hospitales, hospicios y orfanatos. En el siglo VI, Justiniano y su esposa Teodora contribuyeron al desarrollo de las artes y las letras (a Justiniano se le atribuye la construcción de la magnífica iglesia de Santa Sofía en Constantinopla). Con la dinastía macedonia (867-1056), Bizancio vivió una segunda edad de oro. El comercio, la artesanía, la ciencia y las artes florecieron, y la pompa de la corte, a pesar de sus intrigas, hacía soñar a los europeos, mientras que el peligro constante de invasiones búlgaras convertía a la sociedad de Constantinopla en apasionante y creativa. En 972, la princesa Teófano, hermana de Basilio II, se casó con el emperador alemán Otón; trajo consigo eruditos, lo que propició un fructífero contacto entre la civilización bizantina y Occidente. En 1204, durante la Cuarta Cruzada, los cruzados tomaron Constantinopla y fundaron el Imperio latino, que perduró hasta 1261. Tras la Cuarta Cruzada, los venecianos ocuparon las islas Cícladas. Las islas se distribuyeron entre las grandes familias de Venecia y se pusieron bajo la autoridad de los duques de Naxos. Durante esta ocupación, un gran número de habitantes de Syros, Tinos, Miconos, Naxos y Santorini se convirtieron al catolicismo. Pero el debilitamiento del Imperio bizantino no tardó en ser percibido por los otomanos: en 1453, Constantinopla cayó en manos turcas, un acontecimiento aún trágicamente sentido por muchos griegos. Durante todo aquel periodo, las Cícladas sufrieron constantes invasiones piratas, a pesar de que los venecianos construyeron sólidas fortalezas por doquier. En 1537, el famoso corsario Barbarroja sembró el terror en todo el archipiélago y, a partir de entonces, una tras otra las Cícladas fueron cayendo en manos de los otomanos.

▶ **Ocupación y resistencia turcas (1537 a 1830).** En 1669, con la toma de Creta, Grecia quedó completamente ocupada por los turcos. Dueños del país durante casi cuatro siglos, impusieron elevados impuestos y practicaron una política de alistamiento forzoso de los niños para convertirlos en formidables soldados, los jenízaros. Sin embargo, mostraron una gran tolerancia hacia la religión ortodoxa, lo que quizá explique por qué la identidad nacional griega pudo sobrevivir a una ocupación tan larga. En el siglo XVIII, las iglesias organizaron las primeras «escuelas secretas», mientras en las montañas, los bandidos, los *kleftes,* hacían de Robin Hood contra los ocupantes. Durante un breve periodo (1770-1774), las islas estuvieron sometidas a los rusos, y durante la guerra de la Independencia acogieron a refugiados perseguidos por los turcos. En 1814, unos comerciantes griegos de Odesa fundaron la Filikí Etería, una sociedad secreta para la liberación del país. El 25 de marzo de 1821, en el monasterio de Agia Lavra, en Kalavrita, el patriarca Germanós izó la bandera revolucionaria, dando la señal para el comienzo de la lucha por la independencia. Los enfrentamientos fueron sangrientos y el destino de

varios héroes fue trágico, como el de Athanasios Diakos, que murió apuñalado tras luchar contra el ejército otomano con solo cuarenta hombres. Como estas hazañas lograron conmover a la opinión pública europea, varias personalidades declararon su apoyo a la causa griega: el poeta inglés Lord Byron viajó a Grecia, Chateaubriand, Lamartine, Victor Hugo y la duquesa de Plaisance se pusieron públicamente del lado de la Grecia independiente. Convertido en primer ministro en Londres, Lord Canning convenció a Francia y Rusia para que intervinieran junto a Inglaterra para poner fin a la guerra. En junio de 1827, las tres potencias firmaron un tratado por el que se reconocía la autonomía de Grecia. Tras dos años más de guerra, en 1829 los rusos, victoriosos sobre los otomanos, obligaron al sultán a firmar el Tratado de Andrinópolis, que garantizaba la independencia griega.

▶ **El nuevo Estado griego (1830 a 1922).** Juan Antonio Capo d'Istria, primer gobernador de la Grecia independiente, fue asesinado en Nauplia en 1831. Dos años más tarde comenzó el reinado de Otón de Baviera. Pero la vida política del país siguió influida por las grandes potencias, lo que creó descontento y condujo a la destitución de Otón en 1862. Su sucesor fue Jorge I, príncipe de Dinamarca. Tras su elección, Inglaterra cedió las islas Jónicas a Grecia. En 1878, el Tratado de San Stefano devolvió Tesalia y parte del Epiro a Grecia. En 1911, Venizélos, un hombre de fuerte personalidad que dejaría huella en la historia del país y sería adorado por sus partidarios, fue nombrado primer ministro. Durante la guerra de los Balcanes (1912-1913), el ejército griego comandado por

Venizélos liberó Macedonia y el Epiro, Creta y las islas del Egeo. Al final de la Primera Guerra Mundial, Grecia, que estaba del lado de la Entente, recibió Tracia y Esmirna. En 1922, las fuerzas griegas fueron derrotadas por el ejército turco en Asia Menor, y este acontecimiento adquirió dimensiones catastróficas: los turcos obligaron a oleadas de refugiados a regresar al continente europeo, y masacraron a todos los habitantes de etnia griega de Esmirna.

▶ **De la dictadura a la guerra civil (1922 a 1950).** El periodo de entreguerras fue, como en toda Europa, una etapa de inestabilidad política cronificada. Tras el advenimiento de la república a raíz de la destitución del rey Jorge II, la monarquía fue restablecida por un nuevo golpe de estado en 1935. Al año siguiente, el general Ioannis Metaxás abolió la constitución y se otorgó plenos poderes: fue el comienzo de una dictadura inspirada en la Italia fascista. Muchos opositores políticos, sobre todo comunistas, fueron enviados al exilio o a campos de trabajo en las islas, especialmente en las Cícladas.

Aunque cercano a la ideología y a las prácticas de Mussolini, Metaxás se negó a dejar pasar a las tropas italianas y a aliarse así con el fascismo: fue el «no» pronunciado por Metaxás el 28 de octubre de 1940 lo que marcó el vuelco de Grecia hacia las naciones aliadas. Sin embargo, las tropas italianas avanzaron hacia la región del Epiro. Grecia resistió y, tras una lucha heroica, hizo retroceder a las fuerzas fascistas hacia Albania. Pero fue incapaz de defenderse de los ejércitos nazis. La ocupación alemana fue muy dura y la resistencia se organizó, aunque muy pronto surgieron disensiones internas entre las distintas facciones partidistas y el Reino Unido, que se oponía a que Grecia se encaminara hacia un régimen comunista al final de la guerra. En 1947, el Tratado de París devolvió Rodas y el Dodecaneso a Grecia. El país aún no estaba fuera de peligro, ya que la guerra civil entre liberales y comunistas comenzó inmediatamente,

Museo Prehistórico de Santorini.

con trágicas consecuencias. Esta guerra civil duró dos años (1947-1949). Con la ayuda de los británicos, el ejército griego derrotó al ejército comunista, el ELAS. Sus partidarios debieron exiliarse o fueron encarcelados. La división del país dejó secuelas que influirían considerablemente en la vida política de Grecia hasta nuestros días.

▶ **De la inestabilidad a la dictadura de los coroneles (1950 a 1974).** En 1952, el primer ministro Konstantínos Karamanlís se enfrentó a una difícil situación para modernizar la economía del país. Este periodo estuvo marcado por el inicio de la emigración de la población rural a las grandes ciudades, especialmente a Atenas. En la capital, el *boom* inmobiliario provocó la destrucción de varios barrios antiguos de gran belleza. En 1963, la Unión de Centro asumió el gobierno. Esto marcó el comienzo de un periodo de inestabilidad política que culminó con un golpe de estado militar en 1967. La junta militar permaneció en el poder durante siete largos años, reprimiendo violentamente la revuelta estudiantil y obligando a muchos intelectuales y opositores a exiliarse. En 1974, los militares cometieron el error de intentar derrocar al presidente chipriota Makarios, lo que dio al ejército turco un pretexto para invadir la parte griega de Chipre.

▶ **Desde el advenimiento de la democracia... (1974 a 2009).** El desastre permitiría el regreso al poder de una personalidad respetada por toda la clase política, Konstantínos Karamanlís, que se había exiliado en París. Inmediatamente se organizó un referéndum para decidir si Grecia sería una monarquía constitucional o una república. La mayoría de los votantes optó por una república, y con la nueva constitución se convocaron elecciones para elegir a trescientos diputados, que a su vez elegirían a Karamanlís como presidente de la República. Convencido europeísta, Karamanlís fue el artífice de la entrada de Grecia en la Comunidad Económica Europea en 1981.

Ese mismo año, el Partido Socialista (PASOK) de Andréas Papandréou ganó las elecciones. Papandréou permaneció siete años en el poder. En 1988, su gobierno se vio envuelto en una serie de grandes escándalos económicos, y el PASOK perdió la mayoría de escaños en el parlamento. El derechista Tzannis Tzannetakis, mediante una coalición con el Partido Comunista, emprendió el proceso de catarsis (limpieza) que desembocó en el procesamiento de varias figuras del PASOK, entre ellas el propio Andréas Papandréou.

En 1990, tras tres elecciones consecutivas, Konstantínos Mitsotákis, líder del partido liberal Nueva Democracia, se convirtió en primer ministro, y Konstantínos Karamanlís volvió a la presidencia de la República. Pero la situación del país solo mejoró lentamente y los rumores de corrupción en 1992, junto a un asunto de escuchas telefónicas en 1993, acabaron por desestabilizar al gobierno de Mitsotákis, que perdió la mayoría parlamentaria a finales de ese mismo año. Las elecciones anticipadas de octubre de 1993 devolvieron la mayoría parlamentaria al PASOK de Papandréou, quien, a pesar de su mala salud, dirigió el partido hasta su muerte, el 26 de junio de 1996.

Costas Simitis, opositor interno a Papandréou, asumió entonces la dirección del PASOK y lo reorientó políticamente. Perteneciente a la misma escuela política que Tony Blair, Simitis inclinó al PASOK hacia el centro e incluso llegó a un acuerdo con Nueva Democracia sobre las principales orientaciones a seguir. También intentó estrechar los lazos de Grecia con la Unión Europea para participar en la unión monetaria. En política local, las relaciones con Turquía seguían siendo muy delicadas, y en varias ocasiones se estuvo cerca del inicio de una guerra, socavando la estabilidad política. En 2004, Nueva Democracia volvió a asumir el gobierno. Kostas Karamanlís (sobrino del restaurador de la democracia) fue elegido primer ministro el 7 de marzo de 2004 por cuatro años. A sus 47 años se convirtió en el primer ministro más joven de la historia política de Grecia. Prometió una renovación política y económica. En vano.

▶ **...a la crisis económica, política y social (desde 2009).** Géorgios Papandréou se convirtió en primer ministro después de que la izquierda (PASOK, socialistas) ganara las elecciones parlamentarias anticipadas de octubre de 2009. El país se enfrentaba a una de las crisis más graves de su historia. Para frenar la inflación y reducir el déficit presupuestario, el gobierno, vigilado de cerca por los acreedores europeos y el FMI, impuso una drástica política de austeridad. Géorgios Papandréou no resistió a la crisis. Abandonó la escena política en 2011. Le sucedió un nuevo gobierno de coalición derecha/izquierda dirigido por Andonis Samarás (Nueva Democracia), que pretendía continuar con las reformas denunciadas por una nueva coalición de izquierdas llamada Syriza. Su líder, Alexis Tsipras, prometió renegociar el plan de rescate y poner fin a la política de austeridad. La vuelta a la realidad sería brutal. En 2008, Alexis Grigoropoulos, de quince años de edad, fue abatido sin motivo por la policía en el barrio estudiantil ateniense de Exarcheia. El caso reabrió el debate sobre las armas que debían llevar los agentes de policía y provocó manifestaciones de una violencia sin precedentes. En 2009, la prensa clasificó al país como PIGS (cerdos) ante el descubrimiento de la magnitud de su deuda y su déficit. Mientras el Gobierno trataba de obtener apoyo financiero del FMI y la UE, el alcalde de Atenas, elegido en noviembre de 2010, organizaba sus brigadas municipales para intentar mantener la cara acogedora del centro de la ciudad tras cada manifestación que, de vez en cuando, movilizaba a los ciudadanos contra las medidas de austeridad y contra el Gobierno en la plaza Síntagma. Generalmente muy concurridas y pacíficas, sin embargo estas manifestaciones también atraían a algunos *matones* o *encapuchados* y a veces degeneraban en peleas callejeras entre la policía y jóvenes armados con cócteles molotov... El alcalde también tuvo que lidiar con incidentes cada vez más frecuentes entre inmigrantes ilegales y un puñado de ciudadanos griegos que ya no toleraban su presencia en determinadas zonas de la ciudad. La rehabilitación de la parte histórica de Atenas, unas cuantas calles alrededor de la plaza Omonia, fue un tema que movilizó a los periódicos y a la población, dado que muchos edificios estaban ocupados y las condiciones de vida eran insalubres. Un grupo de ciudadanos griegos, los Atenistas, tomaron el relevo de los servicios municipales y se pusieron manos a la obra para limpiar

Primer Ministro Kyriákos Mitsotákis.

y embellecer las zonas descuidadas de la ciudad. Otras asociaciones luchaban para impedir que los parques se conviertan en aparcamientos. Con la crisis, florecieron los comedores sociales e iniciativas solidarias en los barrios más desfavorecidos. La escena cultural se renovó. El frenesí preolímpico remitió, pero la ciudad sigue siendo muy agradable y ofrece a sus residentes y turistas numerosos remansos de paz, arte de vivir, cultura y... de lujo.

En las elecciones parlamentarias de enero de 2015, el partido de izquierda radical Syriza ganó los comicios surfeando sobre un discurso antiausteridad con Tsipras como primer ministro. Pero, obligado a aceptar un tercer paquete de ayudas y medidas de austeridad, el primer ministro Alexis Tsipras perdió la mayoría en el parlamento y convocó nuevas elecciones el 20 de septiembre. Pese a su retroceso electoral, Tsipras ganó las elecciones a la derecha (Nueva Democracia) y volvió a ser primer ministro. Voló a Bruselas y aceptó el principio de un tercer plan de ayuda a Grecia y nuevas reformas.

En 2018 finalizó el último de una serie de dolorosos planes de austeridad y Grecia pareció volver al crecimiento económico. Fue un año de relativa calma tras la gran agitación de los años anteriores. Las elecciones parlamentarias de julio de 2019 estuvieron marcadas por la vuelta al bipartidismo y cierta reorientación de los votos emitidos. Las ganó el partido de centro-derecha Nueva Democracia, dirigido por el ex ministro Kyriákos Mitsotákis. Con casi el 40 % de los votos, ni siquiera tuvo que negociar alianzas. Este primer ministro conservador inició, en particular, una oleada de privatizaciones, incluidas numerosas infraestructuras turísticas, e intentó gestionar de la mejor manera posible la pandemia de la COVID-19. En 2020, Ekaterini Sakellaropoúlou se convirtió en la primera mujer elegida presidenta de la República Helénica. En las elecciones parlamentarias de julio de 2023 se impuso de nuevo el partido Nueva Democracia, rozando incluso la mayoría absoluta en la cámara, con lo que Kyriákos Mitsotákis renovó el cargo de primer ministro para cuatro años más.

POBLACIÓN

Demografía

▶ **Población de Santorini.** El censo de 2021 da una población a Santorini de apenas 16 000 habitantes, pero las cosas son muy diferentes en verano, cuando los grandes transatlánticos descargan a los turistas y otros veraneantes llegan en avión, con lo que la isla recibe decenas de miles de personas al día. Para preservar la isla y su ecosistema, el presidente del puerto de Santorini ha tomado medidas drásticas y ha impuesto un límite al número de llegadas diarias al puerto. El 80 % de los turistas de la isla no son griegos, lo que demuestra el atractivo de Santorini para el resto del mundo.

Platos griegos.

▶ **Población griega.** La población de Grecia es de 10 720 004 habitantes (2022), de los cuales 3,8 millones viven en Atenas. A esta población residente en Grecia hay que añadir unos 6,5 millones de griegos que viven en el extranjero, de los cuales más de tres millones están en Europa. La población griega es bastante joven (edad media de 45 años) y la tasa de natalidad es de 1,4 hijos por mujer (2022). Si bien el éxodo rural hacia Atenas ha tenido un profundo efecto en la demografía del país durante los últimos veinticinco años, se está produciendo una cierta inversión de esta tendencia con el crecimiento de muchos grandes centros urbanos regionales y un desplazamiento del centro hacia los suburbios.

▶ **Inmigración.** La población inmigrante procede principalmente de Europa del este y de los Balcanes (Albania, Kosovo, etc.), pero también de países árabes y asiáticos. En treinta años, Grecia ha pasado de ser un país de emigrantes a un país de inmigrantes, lo que ha contribuido a equilibrar la demografía, ya que su tasa de fertilidad es una de las más bajas de Europa.
En la década de 1980 llegó una primera oleada de inmigrantes para trabajar sobre todo en la marina mercante: eran principalmente filipinos y pakistaníes, pero también etíopes, sudaneses y esrilanqueses. Desde mediados de la década de 1990 llegaron albaneses y polacos, así como varios cientos de miles de griegos pónticos (procedentes

de la antigua Unión Soviética). En la década de 2000, miles de inmigrantes ilegales procedentes de países árabes, africanos y del Kurdistán llegaron por mar o por tierra. Como puerta de entrada a Europa, Grecia no pudo hacer frente a este fenómeno y solicitó y obtuvo la ayuda de los países de la Unión Europea y de la agencia Frontex, pero fue en gran medida insuficiente. Cientos de miles de refugiados y migrantes han llegado a Europa a través de las islas del Egeo, la gran mayoría sirios que huían de la guerra y querían alcanzar el norte de Europa; y se calcula que desde 2000, casi tres millones de migrantes han entrado en Europa a través de Grecia.

Idiomas

El griego es una lengua que tiene más de tres mil años y, como todas las lenguas, ha evolucionado. Pero el griego moderno se ha mantenido sorprendentemente próximo al griego antiguo. Este idioma ha dado forma al pensamiento de los más grandes filósofos y autores de la civilización occidental. La lógica intrínseca de la lengua griega parece ser lo que ha permitido su conservación. El griego es una lengua en evolución, que incorpora cada vez más palabras procedentes del inglés, como antes había sucedido con un buen número de palabras latinas, por ejemplo. La escritura, en cambio, está a menudo «griegueizada».

En Creta, los yacimientos arqueológicos que datan del periodo minoico nos han proporcionado tablillas de arcilla escritas en escritura lineal B. Esta escritura no alfabética es una de las más antiguas del mundo, y se considera el antepasado del griego clásico. Los primeros documentos escritos en alfabeto griego datan del siglo VIII antes de Cristo. Hoy en día se sigue utilizando este mismo alfabeto, con algunas modificaciones en las letras y los acentos. De todas formas, el griego moderno difiere bastante del antiguo en la pronunciación de las letras.

Prácticamente todos los griegos hablan o farfullan inglés, la lengua del turismo por excelencia. Como muchos habitantes de países cuya lengua no se enseña mucho fuera de sus fronteras nacionales (el griego solo se habla en Grecia y en Chipre), los griegos dominan al menos uno, si no dos, idiomas extranjeros. Entre los jóvenes casi se considera normal hablar inglés, que encabeza la lista de lenguas extranjeras aprendidas. En el instituto, la elección está entre el francés y el alemán. También muchos jóvenes aprenden español, porque este idioma, con su acento tónico, suena bastante parecido al griego. Por lo demás, la población de más edad de las ciudades suele dominar el francés porque antes era obligatorio estudiarlo, como en España.

Los nombres de las calles, los rótulos de las tiendas y otras señales suelen estar escritos tanto en el alfabeto griego como en el latino, lo que facilita mucho la vida a los viajeros.

Estilo de vida

La familia es la unidad básica de la sociedad griega. Es el centro de una importante red de solidaridad que, entre otras cosas, llena un vacío en la asistencia social. Varias generaciones viven bajo el mismo techo, y las residencias de ancianos están vacías.

DESCUBRE

El pueblo de origen canaliza un fuerte apego, y no es raro ver un retorno masivo de *emigrantes* nacionales e internacionales a sus pueblos en la época de las fiestas. La red de parientes sigue siendo importante y contribuye a mantener una solidaridad ampliada. Los asuntos familiares son numerosos, y notará esta tendencia en las actividades turísticas. Las familias ahorran mucho para comprar una casa a sus hijos y ayudarles a establecerse, a menudo no muy lejos del hogar familiar. Desde diciembre de 2015, la legislación griega incluye un acuerdo de convivencia para parejas homosexuales. El gobierno aprovechó la ocasión para poner fin a los rumores sobre la cohabitación homosexual, con el objetivo claramente definido de acercarse lo más posible al espíritu de la institución del matrimonio. Por otro lado, al aprobar en otoño de 2017 una nueva ley que permite a las personas transexuales cambiar su género en sus documentos oficiales sin tener que demostrar que se someten a un tratamiento médico para cambiar de sexo, el gobierno de Syriza sorprendió a toda la población griega. Sin embargo, esta ley obliga a las personas a separarse de sus parejas si antes estaban casadas, lo que los grupos europeos de derechos humanos condenan enérgicamente. En junio de 2022, el partido Syriza presentó un proyecto de ley destinado, entre otras cosas, a legalizar el matrimonio y el acceso al PMA de las parejas homosexuales. Esta propuesta reabrió el debate público un año antes de las elecciones parlamentarias de julio de 2023.

▶ **Ayuda mutua y redes.** Profesionalmente, los hijos suelen hacerse cargo de los negocios de sus padres. Se trabaja cuarenta horas semanales (duración contractual media). El equivalente al salario mínimo es de unos 713 euros brutos, mientras que el salario medio ronda los 850 euros. El trabajo no declarado sigue siendo frecuente, sobre todo en el sector turístico, que emplea a una gran parte de la población. El sistema de solidaridad permite a quienes carecen de un empleo fijo ganarse la vida mediante trabajos esporádicos o servicios prestados. Encontrar trabajo en Grecia es bastante difícil si no se tienen contactos: la cooptación y la contratación a dedo son habituales. La Agencia de Empleo griega (OAED) no es muy eficiente.

▶ **Cuando se jubilan,** los griegos suelen quedarse cerca de sus hijos para ayudarles con los niños y con las comidas. Si tienen la oportunidad y los medios, regresan a su isla o región natal. Los jubilados no viajan por Europa, sino que prefieren volcarse en sus casas y en las tareas domésticas. Los hombres se reúnen con sus amigos de toda la vida en el *kafenion* local para jugar a las cartas y compartir un *mezze* mientras beben *ouzo*. Los domingos, la taberna reúne a familias y amigos en torno a una mesa. Cuando llega la vejez, el abuelo es cuidado a su vez por sus hijos, que le ayudarán con la comida, la ropa y las compras. Hijas y nueras se convierten en las verdaderas cuidadoras cuando el padre o la madre están hospitalizados o postrados en cama, porque los servicios sociales fallan. Las residencias de ancianos son casi inexistentes y la idea de *deshacerse* de un padre de esta manera es inaceptable para muchos griegos.

© JOHN WOLLWERTH – SHUTTERSTOCK.COM

Ceremonia ortodoxa.

▶ **En cuanto a la igualdad de género,** aún está lejos de alcanzarse. Como en muchos países mediterráneos, la imagen de la mujer suele estar ligada a un machismo que roza la caricatura. En general, una mujer soltera es socialmente aceptada, aunque el objetivo sagrado, a ojos de la Iglesia ortodoxa, siga siendo casarse y tener hijos. En la práctica, la igualdad salarial está lejos de alcanzarse. Se sigue fomentando la imagen del ama de casa, sobre todo en tiempos de crisis, y la discriminación tanto material como simbólica sigue siendo sistemática… y sistémica. El feminismo se está desarrollando en los círculos militantes de Atenas y Salónica, pero lentamente, porque esos mismos círculos siguen siendo muy mayoritariamente masculinos. En resumen, ¡todavía queda mucho trabajo por hacer!

Religión

La gran mayoría de los griegos (88 %) son cristianos ortodoxos; el resto son musulmanes (5,3 %) o de otras religiones (0,5 %). La Iglesia ortodoxa griega es autocéfala y tiene sus propios estatutos, pero su doctrina está indisolublemente unida a la del Patriarcado Ecuménico de Constantinopla. Los popes son funcionarios del Ministerio de Educación, Cultos y Deportes, y están muy presentes en la vida privada y pública. Pueden casarse y tener hijos. No se reconoce la Inmaculada Concepción de la Virgen María.

La institución religiosa es privilegiada en la sociedad griega; sus funcionarios no se ven afectados por las medidas de austeridad que sufre el resto de la población. De hecho, la Iglesia aún no está separada del Estado.

La religión es uno de los pilares fundamentales del Estado, junto con el ejército (nueve meses de servicio militar para los jóvenes). Así, la religión ortodoxa se practica y se enseña en las escuelas públicas; además, el ministerio encargado de las escuelas se denomina «Ministerio de Educación, Cultos y Deportes». En 2000, bajo la presión de la Unión Europea y a costa de un grave contencioso con la Iglesia, el gobierno suprimió finalmente la mención de la religión en el documento de identidad. Es difícil evaluar la influencia política y económica de la Iglesia, pero es costumbre consultar al Patriarca sobre la mayoría de las decisiones políticas importantes. Además, muchos representantes de la Iglesia forman parte de los consejos de administración de grandes empresas griegas. También se rumorea que la Iglesia controla el 6 % del Banco Nacional de Grecia y sigue siendo el mayor terrateniente del país. Prueba de ello es el famoso Monte Athos, situado en el sureste de Macedonia, en la península Calcídica, un territorio autoadministrado, con numerosos monasterios, que ha sido centro monástico ortodoxo durante un milenio.

Aunque no son muy religiosos, los griegos prefieren casarse por la iglesia y respetan las fiestas religiosas tradicionales que jalonan el año: desde una gran fiesta de varios días por Pascua hasta una vela encendida en la iglesia para celebrar cada uno su onomástica. En Atenas hay muchas iglesias, y también en los pequeños pueblos. Los griegos acuden a ellas con regularidad, a veces más por impulso de la tradición que por convicción. En el metro, es frecuente ver a los creyentes haciendo señas al pasar por una iglesia o una estación que lleva el nombre de un santo. También temen el mal de ojo —*kako mati*—, del que se protegen vistiendo de azul o con un amuleto. La mayor fiesta es la Pascua, para la que cada lugar tiene sus propias tradiciones. Por ejemplo, en la isla de Corfú se arrojan ánforas desde el balcón, señal de que se está desechando el año transcurrido. En las Cícladas, los espantapájaros montados en un burro representan a Judas y se queman en la plaza pública tras un desfile con un sacerdote cantando. La influencia religiosa es tan fuerte que también se expresa en el lenguaje: las exclamaciones y los insultos invocan a menudo el nombre de Dios o de los santos. El *Papá Noel* griego es san Basilio, lo que demuestra la omnipresencia de la religión desde la más tierna infancia.

Lo que se observa en el comportamiento religioso en Grecia es que la población se vuelve cada vez más hacia la religión a medida que envejece, tras haber crecido con todos estos códigos en su vida cotidiana. Es fácil comprobar que las personas mayores están mucho más implicadas en la práctica de la religión y en el respeto de sus valores. Sin embargo, entre los jóvenes griegos no se refleja un creciente desinterés, sino más bien una animadversión hacia la religión, sobre todo por su arraigo en la política.

ARTE Y CULTURA

Arquitectura

Rica en historia y geografía, Grecia ha heredado diversas influencias arquitectónicas del continente. El archipiélago de las Cícladas no es una excepción. El estilo clásico de los templos ha maravillado a los visitantes desde la Antigüedad, las iglesias bizantinas no han perdido nada de su encanto oriental, las fortalezas de los venecianos y, mucho más tarde, el neoclasicismo importado por un alemán, han dejado su huella en las Cícladas. La historia de estas islas es tan diversa, y tan cambiante por los sucesivos ocupantes, que la arquitectura de cada isla esconde tesoros únicos. Más allá de la uniformidad de las encaladas ciudades cicládicas, jalonadas de capillas con cúpulas azules, la arquitectura del archipiélago no tiene parangón por su variedad y diversidad.

▶ **Arquitectura antigua.** A lo largo de los siglos, el arte antiguo se ha desarrollado en un estilo a la vez sobrio y elaborado, en lugares a menudo excepcionales. Es el caso de las acrópolis, centros religiosos y políticos de las ciudades antiguas, como puede verse aún hoy en Delos, la isla santuario. Los santuarios antiguos suelen organizarse en torno a un templo principal dedicado a una divinidad mitológica. El templo era el centro espiritual del santuario, y solo los sacerdotes y algunos fieles tenían acceso a él. En la parte delantera del templo se situaba el altar, en el que se ofrecían los sacrificios. La decoración de las columnas rematadas por los capiteles define el estilo del templo: el orden dórico (sencillo) en el siglo VII a. C., el orden jónico (ornamentado) en el siglo VI a. C., y el orden corintio (ricamente ornamentado) en el siglo V a. C.

▶ **Arquitectura bizantina.** Se caracteriza esencialmente por las obras y edificios religiosos ortodoxos (iglesias, monasterios, basílicas, frescos, iconos, etc.). Las iglesias bizantinas siguen siempre las mismas formas arquitectónicas: planta de cruz griega con cúpula central. Representan el universo, en sí mismo una creación divina. Estos microcosmos están decorados con frescos, mosaicos e iconos. Entre las iglesias bizantinas más bellas, no hay que perderse la Panaghia Ekatontapyliani de Paros y las magníficas basílicas de Naxos.

▶ **Arquitectura medieval.** A partir de 1204, los venecianos comenzaron a construir fortificaciones (ciudadelas, castillos, núcleos de población amurallados, etc.) en los pueblos e islas de las Cícladas. Casi todas las islas principales tienen su propio castillo y sus fortificaciones medievales. Destacan las antiguas ciudades fortificadas o *kastros* de Folégandros, Serifos y Milos. Las murallas, las estrechas calles empedradas y las plazas de estas ciudades forman una notable planta urbana defensiva. El *kastro* suele dominar la parte alta del puerto: una posición estratégica evidente para defenderse ante los ataques piratas. De la época medieval son también las *archontika,* antiguas casas señoriales habitadas por los descendientes de los señores francovenetos desde el siglo XIII.

DESCUBRE

▶ **Arquitectura otomana.** La dominación otomana duró lo suficiente como para dejar huella, aunque relativamente sutil. Hoy en día, hay pocos elementos arquitectónicos de Oriente. Pero el periodo otomano fue una etapa de libertad religiosa, y la profusión de iglesias y capillas típicas de la arquitectura cicládica son una muestra de ello.

▶ **Arquitectura neoclásica.** La independencia de Grecia estuvo marcada por la instauración de la monarquía: el primer rey de Grecia, Otón de Baviera, llevó a Atenas a un arquitecto alemán, Ernst Ziller. Este se inspiró en los cánones de la Antigüedad para dar forma al urbanismo de la nueva capital. Las mansiones patricias con frontones, vistosos mosaicos y columnas majestuosas florecieron en Atenas, pero también en las islas bajo su domino, incluida Siros, capital administrativa de las Cícladas. Signo de opulencia y éxito social, la arquitectura neoclásica fue adoptada por particulares en islas como Andros, Sifnos y Santorini.

Cine

▶ **Los comienzos (1910-1940).** El cine griego se inició en la década de 1910 con directores como Kostas Bahatoris y Orestis Laskos. La producción fue muy limitada hasta la década de 1930, cuando entró en crisis con la llegada del cine sonoro. La Segunda Guerra Mundial no ayudó, y no fue hasta la década de 1950 cuando el cine griego resurgió. Era el momento propicio para los melodramas, que combinaban la tradición antigua con el realismo moderno.

▶ **La edad de oro (1950-1960).** Michális Kakogiánnis provocó una auténtica revolución en el cine griego y le abrió las puertas de la fama. Con *Stella*, en 1955, el director abrió nuevos caminos y dio a conocer a la actriz Melina Mercouri, quien alcanzó fama mundial gracias a la película de Jules Dassin *Nunca en domingo*, un cómico homenaje a la *Stella* de Kakogiánnis estrenada en 1960. Los años siguientes supusieron el apogeo del cine griego. En 1964, Kakogiánnis protagonizó, con Anthony Quinn y la actriz trágica Irene Papas, la legendaria adaptación a la pantalla de la novela de Kazantzakis *Zorba, el griego.*

A partir de la década de 1960, la producción cinematográfica griega fue viento en popa. Se apoyó en el cine nacional, tanto el *mainstream* como el de autor. Cada vez más producciones se orientaron hacia el cine comercial. La estrella de la época fue la actriz Alíki Vouyoukláki, que apareció en películas de éxito como *Mi hija la socialista* (1966). Pero el cine de autor siguió floreciendo, con directores como Kakogiánnis, por supuesto, pero también Jules Dassin, Nikos Koundouros, Alekos Alexandrakis…

MEDIOS DE COMUNICACIÓN

En una isla turística como Santorini se encuentra toda la prensa internacional, aunque con un día de retraso.

QUÉ TRAER DE SU VIAJE

En las tiendas de recuerdos de las islas no faltan los artilugios *made in China*. Si le interesan los objetos de arte, busque en las tiendas de los grandes museos, que tienen las mejores reproducciones de joyas, iconos y estatuas. El panorama del arte contemporáneo también está repleto de bellas propuestas, así que no dude en apoyar la economía local comprando joyas y ropa de diseñadores griegos. También puede llevarse a casa deliciosos productos locales: aceite de oliva, miel, embutidos, quesos, especias o *ouzo*. Una de las grandes especialidades de las Cícladas es la cerámica. Encontrará magníficas piezas, de diferentes tamaños, para llevarse a casa. En la tienda, pida a los vendedores o artesanos que le empaqueten la cerámica para su viaje. Por lo demás, el regalo más sencillo es un *komboloi*: un bonito rosario, originalmente religioso, que los griegos rezan para entretenerse en la calle, en el café o en la oficina. En Santorini se pueden encontrar joyas elaboradas con piedra volcánica: es un regalo original que suele impactar. Se encuentran por todas partes y a todos los precios.

▶ **El nuevo cine griego (1970-1980).** La dictadura de los Coroneles supuso un parón especialmente brutal para el cine griego. La censura y la llegada de la televisión arruinaron la creación cinematográfica, que entró en una fase de decadencia. Kakogiánnis y Koundouros prefirieron marcharse al extranjero, pero los cineastas que se quedaron en el país intentaron sortear los obstáculos. Así fue como Theo Angelopoulos pudo erigirse en el gran director de su época. Al proponer un enfoque simbolista y abstracto, desbarató la censura. Su película *Reconstrucción,* estrenada en 1970, supuso el punto de inflexión del nuevo cine.

Theo Angelopoulos fue el maestro indiscutible de la nueva ola que arrasó en Grecia en la década de 1970 y continuó en la de 1980. Dominó el cine griego hasta su muerte en 2012, y ganó la Palma de Oro del Festival de Cannes en 1998 por su película *La eternidad y un día*. En 2004 estrenó *Eleni,* primera parte de una trilogía inacabada.

▶ **Crisis y renovación (1990-2010).** Mediada al década de 1980, las dificultades económicas frenaron la producción cinematográfica y el cine griego entró en crisis. Durante la década de 1990 no produjo nada destacable. Pero una nueva generación de directores tomó el relevo a principios del nuevo siglo. Una de las películas más populares de la historia reciente del cine griego es *Politiki kouzina* (2003). Distribuida en el extranjero con el nombre de *Un toque de canela,* esta película del director Tassos Boulmetis es un gran largometraje histórico-romántico sobre la expulsión de los griegos de Constantinopla.

▶ **La «weird wave» (a partir de 2010).** Pero lo más interesante estaba por llegar, y entre los años 2000 y 2010 emergió un rico cine de autor consciente de los problemas a los que se enfrentaba la sociedad griega, y que los críticos denominan la «weird wave» (la «extraña ola»), en referencia a la «new wave», la «nueva ola» de la década de 2000. Se inspiró en *El ataque de la musaka gigante,* de Panos Koutras, un auténtico ovni que apareció en los cines de todo el mundo en 2001. Desde entonces han surgido otros nombres interesantes en el mundo del cine contemporáneo, que lucha por sobrevivir en un contexto de crisis económica y falta de recursos. Entre ellos destacan los trabajos de Dennis Illiadis (*La última casa a la izquierda,* en 2009, *Delirium,* en 2018) y Athina Rachel Tsangari, cuyo largometraje *Chevalier* (2015), se presentó en el Festival de Locarno y ganó el premio a la mejor película en el Festival BFI de Londres ese mismo año. El líder de esta nueva ola, Giórgos Lánthimos, ganó el Premio del Jurado en Cannes en 2015 por su película *Langosta,* el Premio al Mejor Guion por *El sacrificio del ciervo sagrado,* presentada en Cannes en 2017 y ganadora del Premio de la Crítica del Festival de Sitges, y el León de Plata en el Festival de Venecia por *The Favourite* (2019). Se dio a conocer con su obra maestra de la «weird wave», *Canino* (2009). Miembro del jurado del Festival de Cannes en 2019, su última película, *Poor Things,* se estrenó en 2023.

Danza

Cuando se piensa en las danzas griegas, nos suelen venir a la mente dos imágenes, las transmitidas culturalmente a través del cine. La primera es el *zeimbékiko,* una danza improvisada e individual (se baila sobre el terreno lentamente, girando en círculos, imitando una caída y rompiendo el ritmo), mientras que la segunda, el *hassapiko,* una danza originaria de Estambul, se ejecuta de forma sincronizada, con las manos sobre los hombros del otro.

Las danzas folclóricas reflejan las especificidades regionales, pero aplican fundamentos comunes. El baile es diferente en casi todas las islas, en todos los pueblos, y a cada uno le gusta cultivar su especificidad. La danza regional más conocida es la cretense, a menudo acompañada por el clarinete. Por ejemplo, como los *syrtos* y los *ballos,* muchas danzas se interpretan con trajes tradicionales rojos, negros y blancos, bailando en círculos. Originalmente, los bailarines formaban un círculo para protegerse de influencias nocivas. A veces, estas danzas se interpretan al son del buzuki, un tipo de mandolina muy utilizado en Grecia.

Las danzas de Santorini son un poco diferentes a las del resto de las islas del Egeo, y las danzas en sí varían de un pueblo a otro de la isla. En la isla, los instrumentos tradicionales son el violín y la *lyra,* un instrumento de cuerda. El ritmo de la música se acelera a lo largo de las canciones, al igual que el paso de los bailarines. Estos bailes se llaman «nisiotika», «de las islas», y siempre se interpretan con las mismas canciones rápidas, que hablan de la alegría de vivir (a diferencia de los bailes continentales, que suelen interpretarse con canciones tristes). En Santorini también se baila en círculo o en pareja.

Estos bailes suelen acompañar las bodas y fiestas religiosas de la isla, pero también se puede disfrutar de ellos en agosto en las fiestas de los pueblos o en los restaurantes locales, cuando los

© MICHELANGELOOP – ISTOCKPHOTO.COM

clientes se dejan llevar a partir de cierta hora. Akrotiri y Messaria son los pueblos con mayor tradición dancística, y cuentan con buenos grupos de bailarines y bailarinas a los que les encanta actuar. Se dice que la tradición local de danza ha sobrevivido en la isla gracias a un solo profesor, que en veinte años de trabajo ha tenido casi diez mil alumnos.

Música

Los orígenes míticos de la música se remontan a las deidades y héroes griegos que utilizaban un medio musical. El primer instrumento del que se tiene constancia es la lira de siete cuerdas, que ya se utilizaba en el año 1400 a. C. En la época de los filósofos ya se reconocía al instrumento musical una función real en la vida social y religiosa. Fue también en esta época cuando se descubrió la relación entre los sonidos, que adquirió una dimensión matemática y luego pedagógica.

En el periodo clásico se produjo una doble expansión de la obra vocal e instrumental, sobre todo a través de los concursos musicales, que tuvieron una importancia crucial en la ciudad. La mayoría de los filósofos eran también, y sobre todo, músicos. Sabemos igualmente que las representaciones teatrales, sobre todo las tragedias, se enriquecían con canciones, pasajes instrumentales y danzas. Hoy en día la música y la danza, de otra forma, siguen desempeñando un papel importante en la vida griega.

Las danzas populares reflejan las especificidades regionales, pero comparten bases comunes. Como el *syrtos,* por ejemplo, muchas danzas se interpretan en ronda. Originalmente los bailarines formaban un círculo para protegerse de influencias nocivas. Estas danzas se interpretan a veces al son del buzuki, una especie de mandolina muy utilizada en Grecia y traída por los refugiados de Asia Menor a principios del siglo XX. El buzuki se convertiría en el instrumento principal del género musical *rebético*.

La música popular despegó después de la guerra, precisamente con el *rebético,* que se hizo realmente conocido a principios de la década de 1960 gracias a dos compositores de renombre: Mános Hatzidákis, que compuso *Los niños del Pireo,* y Mikis Theodorakis, que escribió la música de *Zorba, el griego*. El *rebético* se tocaba originalmente en las afueras de las ciudades: en Atenas, las tabernas del barrio portuario del Pireo eran el escenario, frecuentado por urbanitas desarraigados amantes del alcohol y el tabaco. La música expresaba una protesta, un rechazo a las convenciones sociales. La palabra *rebete* significa «forajido» en turco, y la música se inspira en gran medida en las canciones orientales tradicionales. El *spleen* del *rebético* se expresaba en varias formas de danza, con gestos lentos y pesados que terminaban en violentos lanzamientos de platos al suelo. El repertorio se basa en temas melancólicos, como el amor no correspondido, la pobreza, la cárcel, las drogas, etc. Hoy en día es raro ver actuaciones de este tipo, a menos que se recreen con fines turísticos. Sin embargo, los cantantes de *rebético* y los músicos que los acompañan siguen existiendo: el género se ha hecho mucho más popular y del gusto de la mayoría que antes, y es la música que más se escucha en cafés y tabernas.

Los artistas modernos se han inspirado en el *rebético* desde la década de 1980, comprendiendo su potencial. Muchos de ellos se han hecho un nombre: Vasílis Tsitsánis, Stavros Xarhakos, Giorgos Ntalaras, Nikos Papazoglou... Pero es aún más el interés por las letras —que pretenden ser poéticas y, a menudo,

políticas— lo que se deriva directamente de la referencia a la música tradicional. Aunque conservan el uso de melodías e instrumentos característicos de la música griega de la época, los cantantes y grupos contemporáneos son más *rock'n'roll* que sus antepasados, pero abordan los mismos temas. La lista es larga, pero entre estos cantantes líricos se encuentran Thanasis Papakonstantinou, Sokratis Malamas, Giannis Haroulis, Giannis Aggelakas... El joven grupo *Ταδε* está tomando el relevo, poniendo música a poemas recitados en una estratificación de voces profundas, cuyo lamento se hace eco de los viejos juerguistas melancólicos que frecuentaban el *kaféneio* del Pireo. La música griega contemporánea se inspira en este pasado rico y diverso. La escena del jazz/swing es especialmente activa en las ciudades griegas, con grandes nombres como Imam Baildi, Gadjo Dilo, Penny and the Swingin' Cats... La música *folk* también está en el candelero, con cantantes populares como Panos Mouzourakis, Kostis Maraveyas y Alkistis Protopsalti. Estos músicos y cantantes combinan melodías balcánicas y mediterráneas con sonidos enraizados en el jazz y el *folk,* así como en el *reggae* y la *bossa nova.*

En general, los griegos tienden a escuchar música griega; solo hay que encender la radio para comprobarlo. La música contemporánea abarca todos los estilos: rock, rap, canción popular, jazz... pero la penetración de la música extranjera es bastante reciente. La música griega se exporta a los Balcanes y Oriente Próximo. Cada año, el Festival de Eurovisión es seguido con fervor por toda la población, pegada al televisor.

Pintura y bellas artes

Arte bizantino: pintura religiosa e iconos

En la religión ortodoxa, los iconos se veneran como imágenes sagradas. Más que una simple representación, se supone que encarnan a un santo o a una divinidad. En las iglesias y en los hogares se venera el icono por sus milagros y poderes curativos. Los griegos no bromeaban con este culto, así que cuidado con la torpeza. Tras el periodo de pinturas religiosas que se remonta a la época bizantina, proliferaron las influencias, sobre todo italianas.

La pintura moderna, entre el nacionalismo y las influencias exteriores

A partir del siglo XIX, los artistas griegos, muy apegados a su cultura y patrimonio, se expresaron a través de la historia del país. Theodoros Vryzakis y Dyonissios Tsokos ilustraron este periodo con talento, pintando retratos muy idealizados y escenas de batallas.

Famosos pintores griegos de los siglos XIX y XX estuvieron muy influidos por las escuelas muniquesas, como Nikiforos Lytras, Constantinos Volanakis, Nikolaos Gysis y Georgios Iakovides. Luego llegó la influencia de París, sobre todo en las obras de Pericles Pantazis, que probó suerte con el impresionismo. Poco a poco fueron surgiendo en Grecia movimientos posimpresionistas, como el fauvismo y el expresionismo. Konstantinos Maleas (1879-1928), próximo al fauvismo, está considerado uno de los precursores del arte griego moderno, con sus paisajes del país y sus

Estatuillas de arte cicládico.

interpretaciones muy personales de los mismos. Además de estos desarrollos de orientación occidental, persistieron las influencias bizantinas y orientales, más cercanas al arte popular. Theophilos Hadjimichail se dio a conocer como pintor naíf en la década de 1930.

Arte contemporáneo

Tras la Segunda Guerra Mundial, algunos artistas lograron desarrollar el arte griego moderno y propiciaron la aparición de un arte contemporáneo original, como George Bouzianis (1885-1959), Yannis Tsarouchis (1910-1989) y Alekos Fassianos (nacido en 1935). En la actualidad, el arte contemporáneo griego está representado por pintores como Nikos Baikas, así como por artistas plásticos de renombre internacional (Georgos Hadjimichalis, Andréas Angelidakis, etc.) y fotógrafos (Lizzie Calligas, Panos Kokkinias, Nikos Markou, etc.).

DESCUBRE

FIESTAS

Enero

■ FIESTA DE SAN BASILIO

1 de enero.

En Grecia, las fiestas de fin de año (Navidad y Año Nuevo) se celebran el día de san Basilio, el 1 de enero. Es entonces cuando el *Santa Claus* ortodoxo, Agios Vassilis, entrega regalos a los niños griegos, que recorren las casas cantando *kalandas*. Comen *vassilopita,* un brioche aromatizado con azahar en cuyo interior se esconde un *flouri,* una moneda: quien la encuentre tendrá buena suerte el resto del año. Tradicionalmente, las cuatro primeras rebanadas se entregan a Dios, Jesús, la Virgen María y la casa.

Febrero

■ CARNAVALES DE GRECIA

En todo el país.

Sin fecha fija.

En griego, los carnavales se llaman *Apokries*: «lejos de la carne», nombre que hace referencia a un periodo de celebración previo a las privaciones de la Cuaresma. Durante este periodo, la carne y el queso desaparecen gradualmente de las comidas. Los carnavales comienzan tres semanas antes de la Cuaresma, que dura cuarenta días antes de la Pascua ortodoxa. Se organizan numerosos desfiles en ciudades y pueblos: la gente se disfraza, baila, canta…

Marzo

■ FIESTA NACIONAL (INDEPENDENCIA)

Festivo en todo el país.

25 de marzo.

La primera de las dos fiestas nacionales es la conmemoración de la revolución griega de 1821 (Εορτασμός της Ελληνικής Επανάστασης του 1821/Eortasmos tis Ellinikis Epanastasis tou 1821). Se rememora el inicio de la guerra de Independencia contra el Imperio otomano en 1821. El 25 de marzo es también la fiesta cristiana de la Anunciación. Se celebran desfiles por todo el país, incluido un gran desfile militar que alterna entre Atenas y Salónica.

Abril

■ PASCUA ORTODOXA

Lunes de Pascua, festivo en todo el país.

Fechas variables: domingo 20 de abril de 2025, 12 de abril de 2026, 2 de mayo de 2027…

El Domingo de Resurrección (Πάσχα/ Pascha) es la celebración cristiana más importante en Grecia. Como en otros países de tradición cristiana, se conmemora la resurrección de Cristo. Es una fecha móvil: el domingo siguiente a la primera luna llena de primavera según el antiguo calendario juliano (no gregoriano). La fiesta marca el final de la Cuaresma y culmina con una semana

FIESTAS DE PASCUA

La mayor celebración religiosa griega, cuya fecha varía cada año, es la ocasión para dos días de fiesta y meditación. No querrá perdérselo si durante este periodo se encuentra en Santorini, que, como todas las islas y regiones de Grecia, tiene sus propias tradiciones. En el programa: una semana tranquila salpicada de celebraciones religiosas. El Viernes Santo tiene lugar la procesión de los Epitafios, y el catafalco de Cristo se adorna con flores. Los sábados, los niños levantan el Lázaro, una gran cruz de madera cubierta de flores y romero, en las plazas de los pueblos. La procesión del catafalco, preparado la víspera, se realiza con faroles y velas, y se rocía agua en las ventanas. Se vuelve a casa con un huevo rojo en la mano y se come *sgardoumia* (una especie de sopa con verduras y la carne que se haya encontrado) y *melitinia* (pequeños postres con miel y queso).

En Oia, todos los oficios de Semana Santa se celebran en la iglesia de Platsani, en la plaza principal del pueblo. En Emporio, los aldeanos participan en la procesión haciendo chocar objetos metálicos para ahuyentar los maleficios. En Pyrgos, después de la misa, el *tantalo* encabeza la procesión, mientras las campanas repican durante largo rato. En algunos pueblos existe la tradición de juzgar, condenar a muerte y quemar en un ambiente festivo la figura de un hombre hecha de tela: es el juicio de Ovraios. El lunes de Pentecostés, cincuenta días después, tiene lugar una nueva celebración.

Cuidado con los hoteles, sobre todo en una isla tan religiosa como Santorini: suelen estar llenos durante este periodo.

de celebraciones, con grandes liturgias de viernes a lunes, grandes comidas familiares, fuegos artificiales, etc. Los museos y muchos comercios cierran, y los hoteles suelen estar llenos.

Mayo

■ FIESTA DE PRIMAVERA
1 de mayo.
En Grecia, el 1 de mayo recibe el nombre de *protomagia,* que significa literalmente «el primer día de mayo». Es el Día Internacional de los Trabajadores —y festivo—, pero también es una cele-bración de la primavera y la naturaleza. Las familias cuelgan guirnaldas de flores en las puertas de sus casas y en los capós de los coches. La *protomagia* tiene sus raíces en las Antesterias, una fiesta en honor de Dioniso que celebraba las plantas, las flores y el renacimiento del hombre y la naturaleza. Las coronas y ramos no se descuelgan hasta finales de junio.

■ DÍA INTERNACIONAL DE LOS MUSEOS
En todo el país.
18 de mayo.
La entrada a museos y yacimientos arqueológicos es gratuita.

Septiembre

■ FESTIVAL PANAGIA KALAMIOTISSA

8 de septiembre.

El 8 de septiembre se celebra en Anafi el festival Panagia Kalamiotissa, con carne y macarrones para todos. Algunos fieles incluso llegan desde Santorini en caique. Los peregrinos acuden en barcas de pesca para celebrar una gran fiesta al son de gaitas, clarinetes, violines, laúdes, cantos y bailes. El monasterio está construido sobre las ruinas del antiguo templo de Apolo en la montaña de Kalamos. El lugar fue un observatorio medieval y las vistas son impresionantes.

Octubre

■ FIESTA NACIONAL (DÍA DEL NO)

Festivo en todo el país.

28 de octubre.

El «Día del No» (Επέτειος του Όχι/ Epetios tou Ochi) es la segunda fiesta nacional de Grecia, después del 25 de marzo. Marca el recuerdo del 28 de octubre de 1940, cuando el dictador Ioannis Metaxás dijo (en esencia) «no» al ultimátum de Mussolini para convertir Grecia en un protectorado italiano. Comenzó entonces una feroz resistencia contra los italianos (derrotados en el Epiro), que continuó tras la fulgurante invasión alemana de los Balcanes en abril de 1941.

Diciembre

■ NAVIDAD

25 de diciembre.

Aunque menos importante que la Pascua, en Grecia también se celebra la Navidad. Árboles de Navidad, adornos y regalos han hecho su aparición en los hogares griegos como signo de occidentalización en esta tierra oriental. Tradicionalmente, sin embargo, san Basilio es quien trae los regalos la noche del 31 de diciembre. La Navidad es una época para compartir delicias como la *melomakarona,* pastel en forma de huevo aromatizado con miel y aceite de oliva, y las *kourabiedes,* galletas de almendra espolvoreadas con azúcar glas.

Dulces navideños.

COCINA LOCAL

Hay diferentes tipos de restaurantes. La comida callejera (que no es necesariamente mala) es barata y se compone de souvlaki o gyros pitas (bocadillos de pollo o cerdo, más o menos equivalentes a un kebab). En las tabernas y ouzerias sirven sobre todo mezes y bebidas tradicionales, que son el acompañamiento perfecto para la comida ingerida a lo largo de la tarde. Los estiatorios, por su parte, son restaurantes clásicos que ofrecen comidas más completas en ambientes más tradicionales, dirigidos sobre todo a turistas y griegos adinerados. La taberna griega es un lugar cálido y acogedor donde la comida es buena pero sencilla, no siempre variada ni gurmé. En general, en las tabernas el restaurador se preocupa poco por las formas: lo que cuenta es lo que hay en el plato. La calidad del servicio y el arte de la mesa son secundarios, y a menudo hay que ayudar a poner el mantel y los cubiertos: el camarero trae una cesta con pan, servilletas, tenedores y cuchillos que simplemente deja sobre la mesa. Los platos principales suelen servirse al mismo tiempo que los entrantes, en el centro de la mesa. Tenga en cuenta que le cobrarán los cubiertos, el pan y, a veces, incluso los aperitivos. Por supuesto, es buena señal que este tipo de restaurante sea frecuentado por los lugareños.

Productos y especialidades

La tradición culinaria local no difiere de la del resto de Grecia.

▶ **Los *meze*** se sirven con *ouzo,* como aperitivo o al principio de una comida. Se trata de un surtido de entrantes para varias personas. Cada uno elige entre una selección de platos a menudo impresionante. Los *meze* pueden constituir una comida por sí mismos.

© BORCHEE

Ensalada griega.

▶ *Horiatiki salata*: en otras palabras, la «ensalada griega» con tomate, pepino, cebolla, aceitunas y queso feta, aderezada con aceite de oliva y orégano.

▶ *Tzatziki*: a base de yogur, pepino y ajo machacado. Se sirve frío como aperitivo o para acompañar carnes.

▶ *Dolmadakia*: tradicionalmente, son hojas de parra rellenas de cebolla, ajo y arroz (condimentadas con eneldo y zumo de limón). Otras variantes incluyen hojas de parra rellenas de carne picada. Se sirven frías o calientes.

▶ *Mélitzanosalata*: caviar de berenjena.

▶ *Taramosalata*: huevas de pescado (*tarama*).

▶ **Hummus:** puré a base de garbanzos.

▶ *Kalamarakia y octapodi*: pequeños calamares y pulpos fritos, respectivamente, que se asan a la parrilla tras secarse al sol.

▶ *Tomatés keftédès*: albóndigas de tomate aromatizadas con menta y orégano.

▶ *Pipériès yémistes*: pimientos rellenos de arroz.

▶ *Tiropita*: hojaldre caliente relleno de queso, generalmente feta.

▶ *Spanakopita*: pasta de espinacas y queso, generalmente feta.

▶ *Bougatsa*: especie de pan de pita dulce, relleno de natillas y espolvoreado con canela, que se toma en el desayuno.

▶ *Kalamaki*: brocheta de carne (ternera, pollo, cordero o cerdo).

▶ **Musaka:** carne picada con berenjenas, patatas y salsa bechamel.

▶ *Pasticcio*: versión mediterránea de la lasaña, una especie de macarrones gratinados con tomate y carne picada, a veces incluso berenjenas.

▶ **Pescado.** Durante mucho tiempo, Grecia tuvo erróneamente la reputación de no ser un país de pescado. Si bien es

© ITS_AL_DENTE – SHUTTERSTOCK.COM

Especialidades culinarias griegas.

cierto que las gambas y los langostinos que sirven en los restaurantes de las grandes ciudades son en su mayoría congelados y excesivamente caros, en las islas encontrará mucho pescado fresco de primera calidad. Salmonetes, besugos, pez espada, gambas, pulpo, calamares, *pescaíto* frito, etc. son los clásicos, pero también encontrará muchas otras variedades. Tenga cuidado, sin embargo, porque los precios por peso suelen ser muy elevados, y le recomendamos encarecidamente que vaya a echar un vistazo a la cocina para ver el tamaño del pescado... Esta opción es frecuente en Santorini, donde por la mañana le espera en la cocina el pescado fresco capturado alrededor de la isla.

▶ **Baklava:** pastel de hojaldre en forma de diamante relleno de nueces, pistachos o almendras y cubierto con sirope de canela o clavo. Con algunas variaciones, también existe el *kataifi.*

▶ **Yogur con miel:** una preparación sencilla y deliciosa gracias a la frescura y calidad de los productos.

Bebidas

▶ **El *ouzo*** es el vermú local y suele tomarse como aperitivo. Los griegos lo beben solo y con un cubito de hielo, pero también se puede diluir con agua. En un restaurante, suele ser más barato pedir una botella pequeña para dos o tres personas que vasos separados.

▶ **El *raki* o *tsipouro*** es el licor que acompaña las clásicas noches griegas de *rebético.* Servido en vasos de *chupito,* no se deje engañar y no se lo trague todo de una vez. Muy fuerte, el *raki* se disfruta mejor en pequeños sorbos. El *tsipouro* es una versión más suave. Este alcohol de

uva también puede tomarse caliente, con miel: ¡pida *rakomelo* si se ha resfriado!

▶ **Con mil cuatrocientas hectáreas de terreno reservado a los viñedos,** Santorini es una de las islas griegas más populares entre los enoturistas. En la isla se pueden descubrir algunas variedades de uva únicas (aidani, athiri y assyrtiko), que producen famosos vinos blancos, el más conocido de los cuales es el vino dulce *vinsanto,* así como vinos secos como el *nykteri* y tintos afrutados como el *mandilaria.* El *vinsanto* es un poco espeso y bastante fuerte, aunque muy afrutado, y se disfruta mejor en copas muy pequeñas. En Santorini, las viñas nunca se riegan; se dejan solo a merced de la lluvia, una de las señas de identidad de la isla. Si es un amante del vino, no dude en buscar las bodegas ecológicas que empiezan a hacerse un nombre en la isla. En general, Grecia produce vinos de mesa bastante decentes. La *retsina* es el vino de mesa tradicional. Antiguamente, las tinajas se recubrían de resina para hacerlas más herméticas. Esta tradición se ha perpetuado, y da al vino ese regusto resinoso tan especial. Desde la década de 1980, Grecia ha experimentado una revolución en este campo. Produce vinos DOC de gran calidad elaborados con variedades de uva autóctonas griegas. Para los blancos, pruebe los Châteaux Matsas, Tsandali y Strofilia; para los rosados, Tsandali y Calligas, y para los tintos, Naoussa Boutari, Hadjimihali y Porto Karras. Si le gustan los vinos dulces, no deje de probar los de Samos o algunos de los *microcuvées* (bastante caros) de Santorini, como el *vinsanto* o el *mezzo.* Tenga en cuenta que todos los vinos (incluso los blancos) suelen servirse a temperatura ambiente.

LAS TABERNAS ABREN DE SOL A SOL

Conviene saber que las tabernas griegas no tienen horarios fijos. A menudo abren a la hora del desayuno y cierran muy tarde, cuando se marchan los últimos clientes. E incluso si llega a una hora extraña, a última hora de la tarde o muy tarde por la noche, será bien recibido. ¡Otro de los encantos del menú a la griega!

▶ **Por último, hay varios tipos de café.** El café griego (equivalente al turco) no se filtra, por lo que conviene esperar unos minutos a que la capa de posos se asiente en el fondo de la taza. El café frapé se sirve frío con cubitos de hielo, y es un café soluble cubierto de espuma. El expreso y el capuchino también se sirven fríos, y verá vasos de plástico con pajita por toda Grecia. Pruebe este *fredo espresso* dulce (*glyko*), medio (*metrio*), amargo (*sketo*), con leche (*me gala*) o sin leche (*choris gala*): es refrescante y excelente.

Hábitos alimenticios

No se sorprenda al ver a los griegos comiendo a todas horas: la comida desempeña un papel muy importante y en la calle está por todas partes. En cuanto a los horarios, responden a una tradición mediterránea.

▶ **El desayuno.** A menudo frugal, se come deprisa. Evidentemente, no es el punto fuerte de la gastronomía local. Cuando un hotel ofrece un desayuno con todo incluido, no es necesariamente algo que entusiasme, a menos que se trate de un auténtico bufé. La fórmula suele reducirse a una bebida caliente y pan, no necesariamente tostado. A menudo es mejor recurrir a una cafetería un poco turística y pedir un desayuno «continental».

▶ **La comida.** Entre semana se toma tarde, hacia las 14.30 o las 15.30 horas, cuando todo el mundo tiene ocasión de hablar de los acontecimientos del día. A menudo se reduce a una ensalada griega y algunos *meze,* sobre todo en verano, cuando el calor no da mucha hambre. Pero atención a una pequeña costumbre local: cada uno se sirve su propio platito o, más generalmente, picotea en los platos comunes. ¡El sentido griego del compartir y de la generosidad! A menos que frecuente un gran restaurante, esta práctica es común en todas partes.

▶ **Nada de picotear durante el día.** En su lugar, disfrute de un café frapé. Si no lo toma en una terraza porque no tiene tiempo, verá a menudo estos vasos de plástico cerrados con una pajita en tiendas o quioscos.

▶ **La cena.** La cena se sirve a partir de las 22 horas, principalmente para acompañar el vino y divertirse con los amigos. Es el momento gastronómico del día, aunque no sea muy saludable comer (a menudo un poco pesado) tan tarde. Como los turistas suelen comer antes que los locales, muchos restaurantes sirven durante todo el día. Pero si prefiere comer en un ambiente local, intente seguir estos horarios, por otro lado nada extraños para los españoles.

Fútbol

En toda Europa, los efervescentes estadios de Atenas han adquirido la misma reputación que los de Turquía. El Karaïskakis, sede del Olympiakos del Pireo (históricamente el club de la clase obrera), o el Estadio Olímpico del Panathinaikos (el de la alta sociedad) prometen un infierno a los visitantes, y el «derbi de los eternos enemigos» es siempre muy caliente. Pero en todo el país, el fútbol es una auténtica locura, con enormes implicaciones políticas, sociales y financieras. La supremacía demográfica de la capital se deja sentir, ya que más de la mitad de los clubes proceden de la aglomeración de Atenas. En cuanto a la selección nacional, su principal logro fue la sorprendente victoria en la Eurocopa 2004 (tras derrotar a la selección anfitriona, Portugal, en la final).

Baloncesto

El baloncesto es el otro gran deporte del país, y sus dos clubes insignia son el Panathinaikos y el Olympiakos. La selección nacional fue campeona de Europa en 1987 y 2005, y subcampeona del mundo en 2006. Y hoy, el equipo está liderado por la nueva estrella de la NBA nacida en Atenas, Giannis Antetokounmpo, que juega en Milwaukee y fue elegido mejor jugador de la liga norteamericana en 2019 y 2020.

© ELENA ARRIGO / SHUTTERSTOCK.COM

Kayak en la isla de Santorini.

Caminando por Oia.
© AMRIPHOTO - ISTOCKPHOTO.COM

Tavli

Verdadera disciplina nacional, se juega sobre todo en las terrazas de los cafés de todas las ciudades y pueblos de Grecia. El *tavli* es el equivalente local del *backgammon.* Así se llama el tablero de este juego que es, sin duda, el favorito de los griegos. El juego fue inventado por los egipcios en la antigüedad. Siglos más tarde fue recuperado por los ingleses, que le dieron el nombre de *backgammon,* y más adelante llegó también a otros países europeos. Hoy en día los griegos lo juegan un poco menos que antes, pero siempre hay un *tavli* hasta en el *kafeneio* más pequeño. Hay varias formas de jugar, con reglas diferentes. Pero con un poco de café o un *ouzo,* acompañado de aceitunas y *meze,* solo hay un objetivo: tirar los dados, llevar todas sus piezas de vuelta a su casa y... ¡empezar una nueva partida!

Actividades en la playa

Aquí hay muchas formas de gastar energía. Puede que las islas griegas no sean el Caribe o la Gran Barrera de Coral, pero siguen siendo un eterno Eldorado para los bañistas. El submarinismo, ofrecido por un amplio abanico de escuelas, es muy popular. Descubrirá pecios y otros magníficos parajes naturales. También se practica la vela y multitud de deportes motorizados, muy populares en temporada alta: moto acuática, boyas remolcadas, esquí acuático y *wakeboard.* Es difícil encontrar una playa turística donde no ofrezcan alguna de estas posibilidades. El piragüismo y el *paddle-board* también son formas estupendas de salir al agua.

Senderismo

Aunque las actividades en las aguas azules son obviamente las más populares, Santorini también ofrece una amplia gama de actividades *verdes.* En tierra, podrá disfrutar de una amplia gama de deportes extremos para descubrir el relieve de la isla. Agencias especializadas y centros de información locales le guiarán hacia experiencias únicas, a pie o a caballo. Santorini se presta perfectamente al senderismo. Un sendero, que se puede recorrer a pie o corriendo, une Fira con Oia; es un poco cuesta arriba, pero el paisaje es magnífico durante todo el trayecto, inolvidable. Asegúrese de llevar buen calzado, y prefiera la primavera y el otoño.

© BDPHOTO - ISTOCKPHOTO

Kitesurf.

Vassilis Alexakis

La mitad de su corazón estaba en Francia y la otra mitad en Atenas. Dividía su vida entre estos dos países, donde vivía en dos pisos minúsculos. El autor de *La lengua materna* nació el 25 de diciembre de 1943 en Santorini y llegó a Francia a los diecisiete años para estudiar en la Escuela de Periodismo de Lille. El escritor griego fue también periodista, dibujante y cineasta. Escribió novelas, cuentos, aforismos e incluso publicó una colección de dibujos. En 2010, su novela *Le Premier Mot* fue preseleccionada para el Premio Goncourt (el Cervantes francés). En 2015 publicó su última novela, *La Clarinette,* antes de su muerte en enero de 2021. Solo se ha traducido al español *Las palabras extranjeras,* (Del estante editorial, Buenos Aires).

Theo Angelopoulos

Sus películas muestran a menudo una Grecia gris, azotada por la lluvia y desilusionada, pero han contribuido a la influencia intelectual de su país. Su largometraje *La eternidad y un día* (1998) le valió la Palma de Oro en el Festival de Cannes. *Eleni* es un fresco histórico contemplativo que tardó dos años en rodar, y su última película, *El otro mar,* quedó inacabada cuando murió en 2012.

Costa-Gavras

Este cineasta de origen griego se nacionalizó francés y ahora vive en Estados Unidos. Es el creador de muchas películas escandalosas y de éxito: *Z* (en cuyo guion colabora Jorge Semprún), *La confesión, Missing, Music Box* y, posteriormente, *Amen, Edén al Oeste* y *El capital* en 2012. Su última película, que se estrenó en 2019, *A puerta cerrada,* está basada en el libro de Yanis Varoufakis sobre los «bastidores» de la crisis griega de 2015. Está película ganó el Premio Donostia en 2019.

Melina Mercouri

Artista y política, Melina Mercouri es conocida por su amor incondicional a su país, Grecia, y a su ciudad natal, Atenas. Nieta de Spyrídon Merkoúris, que fue alcalde de Atenas, e hija de un diputado, siempre demostró una gran fuerza y carácter para defender sus convicciones. Casada a los quince años para escapar de su familia ateniense de clase media, se divorció finalmente de su marido a los dieciocho para estudiar interpretación. Su carrera como actriz despegó en Atenas y París. Conoció a Jules Dassin, director estadounidense exiliado, y se convirtió en su musa. *Nunca en domingo* (1960) les dio a ambos fama internacional, y a Melina le valió un premio de interpretación en Cannes y una nominación al Oscar. La dictadura colonial le retiró la nacionalidad griega. En 1974 regresó a su país, donde inició una carrera política como diputada del PASOK, antes de convertirse en Ministra de Cultura de 1981 a 1989 y de 1993 a 1994, año de su muerte. Luchó por la devolución de los mármoles del Partenón que se encuentran en el Museo Británico.

SIN OLVIDAR A LOS DIOSES DEL OLIMPO

Afrodita (o Venus en la mitología romana) es la diosa del amor y la belleza. En la *Ilíada* de Homero, es hija de Zeus y Dione. También es la esposa de Hefesto, el dios del fuego. La leyenda más conocida la relaciona con la guerra de Troya. Eris, diosa de la discordia, furiosa por no haber sido invitada a la boda del rey Peleo y la ninfa del mar Tetis, arroja despechada una manzana de oro a la sala del banquete, con la inscripción «¡A la más bella!». Zeus se niega a elegir entre Hera, Atenea y Afrodita, que piden a Paris, príncipe de Troya, que sea el juez. El desdichado elige a Afrodita, que le ha prometido a cambio la mujer más bella del mundo. Reclama a Helena de Troya, esposa del rey griego Menelao, la rapta y provoca… la guerra de Troya.

Apolo es hijo de Zeus y Leto, como su hermana Artemisa, nacido en la infértil isla de Delos. Es el dios de la luz y la música. Esta magnífica figura tuvo muchos amoríos con ninfas y mortales. Dafne, una de las pocas que no se rindió a él, se transformó en laurel para escapar de sus encantos. Tuvo muchos hijos, entre ellos Orfeo.

Artemisa (o Diana), hija de Zeus y Leto, es la hermana gemela de Apolo. Diosa de la caza y el parto, impidió que los griegos se embarcaran en la guerra de Troya hasta que le sacrificaron una joven virgen, Ifigenia, que se salvó justo antes del sacrificio.

Atenea (o Minerva) emergió completamente crecida y armada de la frente de Zeus. Diosa de las ciudades, la industria y las artes griegas, su templo principal se encuentra en Atenas. Pero es sobre todo la diosa de la sabiduría y de la guerra. Atenea fue la principal defensora del bando griego durante la guerra de Troya. Pero tras la caída de la ciudad, cuando los griegos olvidaron respetar el derecho de asilo en su altar, ordenó a Poseidón que provocara tormentas que destruyeron la mayoría de los barcos griegos que regresaban de la guerra.

Deméter (o Ceres) es la diosa de la fertilidad y diosa madre de la Tierra. Se la conoce sobre todo por su hija Perséfone, nacida de sus amores con Zeus, que es raptada por Hades en el inframundo.

Dioniso (o Baco), hijo de Sémele, que murió durante el embarazo a causa de los celos de Hera, fue salvado por su padre, Zeus, que cogió al niño, abrió su muslo y lo colocó allí hasta que pudiera nacer a término, a salvo de los celos de Hera. Cuando llegó el día del nacimiento, Zeus rompió los puntos y dio a luz a su hijo. Dioniso es el dios del vino.

Hades (o Plutón) es el dios de los muertos. Es hijo de los titanes Cronos y Rea, hermano de Zeus y Poseidón. Cuando los tres hermanos se reparten el universo tras derrocar a Cronos, Hades recibe el inframundo. Junto con su reina, Perséfone, a la que raptó del mundo de arriba, reina sobre el reino de los muertos.

Hefesto (o Vulcano), hijo de Zeus y Hera, es el dios del fuego, la metalurgia y el arte. Su taller está en Limnos. Sus brazos son fuertes, pero sus piernas están atrofiadas. Se dice que es cojo por culpa de su padre: un día que Zeus y Hera discutían, al parecer apoyó a su madre. Enfadado, Zeus lo agarró por la pierna y lo arrojó del Olimpo. O tal vez nació cojo y la propia Hera decidió ocultar su nacimiento arrojándolo del Olimpo. Se dice que Zeus decidió darle a Afrodita como esposa para resarcirse.

▶ **Hermes** (o Mercurio) es el mensajero de los dioses, hijo de Zeus y Maia. Se le reconoce por sus sandalias aladas, símbolo de su velocidad. Este dios múltiple acompaña a las almas de los muertos al reino de Hades y tiene poderes mágicos sobre el sueño y los sueños. Dios del comercio y de las profesiones itinerantes, protege a los viajeros y los mercaderes. También es dios de los atletas, la suerte y la riqueza.

▶ **Hera** (o Juno) es la reina de los dioses, hija de los titanes Cronos y Rea, hermana y esposa de Zeus. Diosa del matrimonio y protectora de las mujeres casadas, es la madre de Ares, dios de la guerra, Hefesto, dios del fuego, Hebe, diosa de la juventud, e Ilitia, diosa del nacimiento.

▶ **Hestia** (o Vesta) es la diosa virgen del hogar, hija mayor de los titanes Cronos y Rea. Rara vez se la menciona en los mitos, pero la mayoría de las ciudades tenían una chimenea pública donde ardía su fuego sagrado.

▶ **Poseidón** (o Neptuno) es el dios del mar, hijo de Cronos y Rea, hermano de Zeus y Hades. Es el padre de varios hijos famosos por su crueldad, como el gigante Orión y el cíclope Polifemo. Poseidón desempeña un papel importante en los mitos y leyendas griegos.

▶ **Zeus** (o Júpiter) es el dios del cielo y soberano de los dioses olímpicos. Sus principales templos se encuentran en Dodona, en Epiro, y en Olimpia, donde cada cuatro años se celebraban los Juegos Olímpicos en su honor. Es el hijo menor de los titanes Cronos y Rea, y hermano de las deidades Poseidón, Hades, Hestia, Deméter y Hera. Según uno de los mitos sobre su nacimiento, Cronos, temeroso de ser destronado por sus hijos, se los tragó cuando nacieron. Zeus fue salvado por su madre, Rea, que lo escondió en Creta, donde fue alimentado con la leche de la cabra Amaltea y criado por las ninfas. Ya adulto, obligó a Cronos a devolverle a sus otros hijos, que se vengaron de su padre. A partir de entonces, Zeus reinó sobre el cielo y el universo. Sus hermanos Poseidón y Hades se encargaron del mar y del inframundo. La Tierra fue gobernada por los tres hermanos. La estatua más famosa que lo representa, esculpida por Fidias en oro y marfil, se erigió en Olimpia.

Estatua de Zeus.

Nana Mouskouri

¿Quién ha olvidado las gafas oscuras y el aspecto intelectual de Nana Mouskouri? Ha vendido miles de discos en más de diez idiomas. Griega de nacimiento, encarna a la perfección la ciudadanía mundial preconizada por Sócrates. Una cosa es cierta: esta cantante es tan conocida en Japón, Alemania y España como en Grecia. Los griegos incluso le han perdonado que viva en Suiza.

Aristóteles Onassis

¿Cómo olvidarlo? Este multimillonario armador griego es tan famoso por su éxito en los negocios como por sus aventuras amorosas. Armador de éxito, también fundó la compañía aérea griega Olympic Airways, lo que le convirtió en uno de los hombres más ricos de Grecia. Pero la prensa rosa lo adoraba sobre todo por sus tumultuosos romances con Athina Stavrou Livanou, Maria Callas y, por último, Jacqueline Kennedy, tras el asesinato de su marido John Fitzgerald Kennedy. Se casó con ella en 1968 y murió en 1975.

Alexis Tsipras

El ex primer ministro griego, elegido en enero de 2015, nació el 28 de julio de 1974 en Atenas, pocos días después de la caída de la dictadura de los Coroneles. Implicado en política desde muy joven, este niño del barrio obrero de Ambelokipi se afilió a las Juventudes Comunistas en la escuela secundaria, donde se opuso a las reformas educativas que pretendían, en particular, cobrar por los libros de texto. Lo que siguió fue un ascenso meteórico. En la escuela politécnica, donde estudió ingeniería civil, llamó la atención por su carisma y se afilió a Synaspismos, un pequeño partido de izquierda radical que pocos años después daría origen a Syriza. En 2009 fue elegido por primera vez diputado por Atenas. El político consiguió entonces unir a los pequeños partidos de izquierda y se convirtió en líder de Syriza. De ser un pequeño partido de izquierdas con apenas el 4 % de los votos en 2009, Syriza se convirtió en un partido antiausteridad que se ganó a los votantes y acabó ganando las elecciones legislativas de enero de 2015 con el 36 % de los votos. Los griegos confirmaron su ascenso tras las elecciones anticipadas de septiembre de 2015. Finalmente perdió el cargo tras la derrota de su partido en las elecciones de julio de 2019. Fue sustituido por Kyriákos Mitsotákis (centro-derecha), nuevo primer ministro.

Stéfanos Tsitsipás

Nacido en Atenas en 1998, Stéfanos Tsitsipás es una de las nuevas estrellas del tenis masculino. En 2017 se convirtió en el primer jugador griego en entrar en el top 100, antes de empezar a ganar títulos prestigiosos como el Masters en 2019 y el Master 1000 de Montecarlo en 2021, 2022 y 2024. Su mejor resultado en un Grand Slam (a finales de 2022) es una final en Roland Garros, que perdió ante Novak Djokovic en 2021, año en el que alcanzó su mejor clasificación, escalando hasta el número tres del mundo.

VISITA

Atardecer en Oia.
© MATTHEWBIRD

SANTORINI

Con sus 79 kilómetros cuadrados y casi 15 500 habitantes, no olvidará la llegada en barco al atardecer a esta isla rocosa nacida de las convulsiones de la tierra, de color ocre, rojo sangre, gris ceniza, gris negro, colores volcánicos... Ni siquiera las *scafta,* esas bellas casas blancas trogloditas suspendidas sobre el mar, no consiguen disipar el sentimiento de temor que despierta esta isla milagrosa, que sigue viviendo de prestado, ya que el gigante destructor aún dormita en su interior, esperando su momento. La capital de la isla, Thira (o Fira, nombres utilizados al azar) merece una visita en sí misma. Pero el lugar más bello de la isla es, sin duda, el pueblecito de Ia (pronunciado «I-A», pero más a menudo escrito «Oia»), al que acuden multitudes cada atardecer para contemplar la puesta de sol. Con su aspecto de postal gigante, Santorini se ha convertido en uno de los destinos de luna de miel más populares. Este impresionante paraje natural recibe ocasionalmente la visita de celebridades como Julia Roberts o Angelina Jolie. Santorini lo tendría todo para ser la estrella de las islas griegas, si no fuera por la falta de grandes extensiones de arena blanca. Aparte de la pequeña pero notable Red Beach, las costas ofrecen pocos lugares para bañarse.

FIRA

Fira (o Thira, los dos nombres se utilizan aleatoriamente) es la capital de la isla de Santorini, su verdadero centro turístico. Las estrechas calles de la población rebosan de tiendas con carteles en todos los idiomas, establecimientos de comida rápida, hoteles y tabernas. Al conjunto le falta un poco de encanto, pero la vista del puerto es magnífica. Fira es el punto de partida ideal para explorar la isla, sobre todo sin coche. Pero es un poco cara y muy turística. En temporada alta, las multitudes, el calor, el ajetreo y el trato no siempre son agradables, y exigen mucha paciencia. Una pena para un lugar tan excepcional.

Transporte

Cómo llegar

Por supuesto, se puede llegar a la isla en avión. Pero no hay que olvidar la llegada en barco, al atardecer.

▶ **En barco.** Los transbordadores llegan a Santorini todos los días desde Atenas, desde El Pireo (de 7 a 10 horas de travesía), normalmente con escalas en Naxos, Paros, Ios y, con menos regularidad, en Síkinos, Folegandros y Milos. La isla también está conectada por hidroplano (5 o 6 horas según las escalas) desde El Pireo y Rafina.

▶ **En avión.** El pequeño aeropuerto de Monolithos (www.santorini-airport.com) está saturado pero acoge vuelos de toda Europa en verano.

▶ **En autobús.** Hay una buena red desde la estación de autobuses de Fira, situada en la plaza Theotokopoulou (www.ktel-santorini.gr), hacia toda la isla (Oia, Akrotiri y Red Beach, Kamari, Perissa...), incluyendo el puerto de Athinios y el aeropuerto.

FIRA

1 - *Convento dominicano y barrio católico*
2 - *Museo Arqueológico*
3 - *Museo Megaro Gyzi*
4 - *Museo de la Antigua Thira*
5 - *Puerto de Ormos*

Perifereiakos Firon

25is Martiou

Agiou Athanasiou

3

Catedral
católica
de San Juan Bautista

Teleférico de
Santorini

2

1

Erithroú Stavros

Asimi Katona

Danezi M

*Plaza
Central*

5

Ormos Firon

*Faros
Akrotiriou-Oias
(Thiras Thesi
Kalnteras)*

Catedral
ortodoxa

4

Mitropoleos

Mar Egeo

Dekigala

Agiou Athanasiou

N

50 m

Cómo moverse

■ ESTACIÓN DE AUTOBUSES DE FIRA

Mitropoleos, 30
☏ +30 22860 25404
www.ktel-santorini.gr
ktel@san.forthnet.gr
250 metros al sureste de la céntrica plaza Theotokopoulos.

Billetes: entre 2 y 3 € según el destino.
Esta estación de autobuses (ΚΤΕΛ Θήρας/KTEL Thiras) es la única de Santorini: todos los autobuses salen y llegan aquí. Hay enlaces frecuentes con Kamari, Perissa (vía Pyrgos Kallistis, Melagochori y Emborio), Firostefani, Imerovigli, Oia y Akrotiri (pueblo, playa y yacimiento arqueológico). Al aeropuerto (vía Mesaria) hay diecisiete salidas al día en verano. Las conexiones con el puerto de Athinios dependen de la llegada de los barcos. También hay conexiones con Monilithos (catorce al día), Baxedes, Vlychada y Vourvoulos (entre dos y cuatro al día). Tanto en los autobuses como en los paneles de los horarios, la ciudad siempre se indica con el nombre de Fira.

■ MOTOR INN

☏ +30 22860 31165
www.motorinn.gr
info@motorinn.gr
Dos tiendas: una en Fira, en la carretera de Pyrgos, cerca del supermercado Lidi y del Alpha Bank, y la otra en el centro de Kamari.

Coches: desde 27 € al día. Escúteres y quads. Alquiler de bicicletas desde 15 € al día (24 € para una bicicleta eléctrica).
La red de carreteras de Santorini está bien cuidada y desarrollada, pero desgraciadamente muy congestionada debido al gran número de turistas. Si alquila un coche, tenga más cuidado que en otros lugares al conducir, y no olvide nunca llevar casco cuando vaya en escúter. Tenga paciencia: los atascos pueden

© LJUPCO – ISTOCKPHOTO

Campanas de Santorini.

UN POCO DE HISTORIA

La isla se formó durante el periodo terciario, cuando un temblor geológico provocó el colapso del continente egeo. Sucesivas erupciones le dieron forma circular. Por eso en la antigüedad se la llamó Strongyli, que significa «redonda». Después del II milenio a. C., la isla fue testigo del desarrollo de una formidable civilización que tenía mucho en común con la de la Creta minoica. Sin embargo, este desarrollo se truncó bruscamente hacia 1500 a. C. a causa de una explosión volcánica que engulló la parte central de Strongyli, formando la caldera —las rocas de la caldera muestran las diversas fases de erosión en sus capas—. Al mismo tiempo, olas gigantescas destruyeron varias ciudades de Creta. Nuevas explosiones en los siglos III y II a. C. fracturaron la parte norte de la isla, provocando la formación de Thirasia y la aparición de Néa Kaméni. Según Heródoto, la isla estuvo habitada por los fenicios. Más tarde llegaron los dorios. Su líder, Thiras, dio su nombre a la isla. El nombre de Santorini empezó a utilizarse en el siglo XII en honor a santa Irene de Salónica. A partir de 1207, la isla perteneció a los venecianos, y algunos de sus habitantes abrazaron el catolicismo. Las mortíferas explosiones del volcán siguieron marcando su historia, con grandes catástrofes en 1866, 1925 y 1926. La más reciente, en 1956, se cobró cincuenta vidas. Como anécdota, en la actualidad solo hay un habitante en Paléa Kaméni, la zona volcánica: hace treinta años, un hombre llamado Sostis decidió vivir allí de forma independiente. A sus sesenta años, con sus cabras y su perro Sócrates, cultiva cada día su huerto para alimentarse literal y espiritualmente.

ralentizar mucho las cosas. Esta agencia lleva alquilando coches, minibuses, motos, escúteres, quads y bicicletas a precios competitivos desde 1988. Entrega gratuita en cualquier punto de la isla (puerto, aeropuerto, hoteles). El uso de bicicletas eléctricas es una auténtica ventaja en Santotini.

Información práctica

Turismo – Cultura

▶ **Pase de isla.** ¿Le apetece algo de cultura? Al igual que con Atenas y la visita a la Acrópolis, el Ministerio de Cultura y Deportes ha implantado un billete integrado de catorce euros para visitar los siguientes lugares: el Museo Arqueológico, el Museo Prehistórico de la Antigua Fira, el Museo Bizantino de Pyrgos y el yacimiento arqueológico de Akrotiri.

Este pase de cuatro días será muy interesante para los visitantes que deseen visitar todos o parte de estos lugares, empezando por el yacimiento de Akrotiri, donde la entrada única ya vale doce euros. Sin embargo, no es tan interesante si excluye de su estancia la visita a los restos de Akrotiri.

Receptivo

■ AEGEAN PEARL TRAVEL

En la plaza central

☏ +30 22860 22170

www.aptravel.gr – info@aptravel.gr

Abierto todo el año de 8.30 a 22 h.

Aegean Pearl Travel organiza excursiones a las islas vecinas y ofrece alojamiento en distintos puntos de la isla. Estos especialistas se ocupan de lunas de miel, bautizos y conferencias. Puede contactar con ellos para alquilar coches de todas las categorías o incluso barcos. También pueden proporcionarle billetes de avión, ferry y traslados al aeropuerto.

■ AGENCIA SANTO STAR

☏ +30 22860 23082

www.santostar.gr

sstar@otenet.gr

A pocos metros de la estación de autobuses, en la acera de la izquierda según se sube hacia Firostefani.

Le recomendamos esta agencia receptiva de servicios integrales fundada en 1989 por la familia Kafieri. Desde entonces, la agencia sigue estando dirigida por las mismas personas, con buen humor y, sobre todo, con gran profesionalidad. Por lo demás, ofrecen multitud de servicios: desde la inevitable y fantástica excursión en barco alrededor del volcán, hasta billetes para salidas desde la isla hacia todo tipo de destinos, sin olvidar el alquiler de coches, reservas de alojamiento de todos los estilos y para todos los presupuestos, consigna de equipajes…

■ DAKOUTROS TRAVEL

☏ +30 22860 22958

www.dakoutrostravel.gr

info@dakoutrostravel.gr

En la calle principal, frente a la parada de autobuses, y en el puerto.

Esta agencia propone el famoso crucero a los volcanes más o menos inactivos de la isla de Néa Kaméni, en el corazón de la caldera, además de un baño en las aguas termales. También puede subirse a un barco de fondo transparente o dar una gran vuelta a la caldera pasando por las islas de Paléa Kaméni y Thirasia, incluido un baño en las aguas de Korfos. ¡La excursión al atardecer, en un magnífico barco de madera, también merece la pena! Dakouros ofrece igualmente buceo, alquiler de villas y billetes de avión y barco.

■ MTA

☏ +30 22860 28747

www.mta-santorini.com

info@mta-santorini.com

MTA es una excelente agencia para explorar las Cícladas. Confiándole sus deseos, sus necesidades y su presupuesto, María, la directora, confeccionará para usted unas vacaciones a medida, incluyendo excursiones y visitas originales. También le propondrá visitas guiadas para descubrir los misterios ocultos y auténticos de Santorini, fuera de los circuitos habituales: cruceros, excursiones, catas de vino y degustaciones de productos locales con auténticos agricultores. Información en el sitio web o por teléfono.

■ PELICAN TRAVEL

En el centro

☏ +30 22860 22220

www.pelican.gr

info@mysantorini.com

En el cruce hacia la estación de autobuses y la carretera que lleva a Firostefani.

Venta de excursiones, billetes de avión y barco. Un sitio web completo y práctico, con descripciones exhaustivas de las

© GATSI – ISTOCKPHOTO.COM

Vista de Fira.

originales características de la isla, su cultura y sus lugares más insólitos. En el aspecto práctico: numerosos enlaces a otros sitios web locales, una amplia selección de opciones de alojamiento, y también servicios como alquiler de coches y reservas de ferry en línea.

■ CALDERA'S BOATS
En el Puerto Viejo
℡ +30 693 869 7248
www.santorini-view.com
Agencia en el Puerto Viejo, al pie del teleférico.
Visitas al volcán: desde 25 € (tres horas).
Especializada en excursiones en barco, esta agencia ofrece recorridos con salida desde el antiguo puerto de Athinios: volcán con cráter activo y fuentes termales, baño en las aguas a 35 °C de la cala Paléa Kaméni, navegación sobre el cráter sumergido, escala en la pequeña isla de Thirasia para nadar, comer y visitar el pueblo tradicional de Manolia, escala en Oia… Excursiones guiadas en griego o inglés, y desde la mañana hasta el atardecer.

Dormir

Bueno y barato

■ ATRIUM VILLA
℡ +30 22860 23781
https://atriumvilla.gr/
info@atriumvilla.gr
Habitación doble: entre 75 y 105 € en verano, sin desayuno.
Un firme favorito para los viajeros. Esta villa abrió sus puertas en 2011 y ofrece un puñado de habitaciones que siguen siendo económicas. El trato de Iannis y Maria es excepcional. La habitación Lilac, la más económica, es espaciosa y está muy bien decorada, con una bonita terraza. El servicio es impecable, con regalitos a la llegada. Las cuatro habitaciones se ocupan rápidamente, así que hay que reservar con antelación.

▪ BACKPACKERS
PLACE FIRA

✆ +30 22860 31626
www.firabackpackers.com
firabackpackers@gmail.com

Cama en dormitorio desde 30 € por persona; habitación doble a partir de 45 € por persona. Sin desayuno.

Este establecimiento de bajo presupuesto, situado cerca del centro de la ciudad y de la estación de autobuses, está regentado por dos hermanos. Vassilios y Mikailes están comprometidos a hacer de este un lugar agradable y cómodo para alojarse. Habitaciones dobles, familiares y dormitorios. Servicios interesantes, como alquiler de bicicletas y excursiones organizadas. Dispone de cocina, ordenadores y juegos. En el exterior, una pequeña piscina, tumbonas y mesas para disfrutar del sol. En el interior, una sala común con cocina y sofás para calentarse por la noche y disfrutar de un ambiente agradable.

▪ LETA HOTEL

Martiou, 25
✆ +30 22860 22540
www.letasantorini.gr
info@leta-santorini.gr

A 50 m de la plaza principal, a la derecha en dirección a Firostefani y a 150 m de la caldera.

Diecisiete habitaciones. Habitación doble desde 90 € en temporada. Café y té gratuitos por la mañana.

Limpio, florido y relativamente tranquilo para ser un establecimiento céntrico. Aquí no hay vistas a los acantilados, pero tampoco se está lejos. Pequeño hotel familiar con balcón en algunas habitaciones y piscina para refrescarse. Habitaciones funcionales

(nevera pequeña y hervidor de agua). Muy buena relación calidad-precio. Situado en el centro, a poca distancia de las comodidades y servicios de la ciudad, este confortable hotel es ideal para grupos de amigos que buscan aventura en la famosa vida nocturna de Fira.

▪ MILOS VILLAS

Aldea de Exo Katikies, sobre Fira, cerca del molino.
✆ +30 22860 25511
www.milosvillas.gr
info@milosvillas.gr

En verano, habitación doble desde 80 €, desayuno incluido.

Una opción realmente buena, y fácil de encontrar: este pequeño complejo se enorgullece de su molino restaurado. Para llegar hay que salir un poco del centro, pero merece la pena. Muy cerca del centro de Fira, hay que andar un poco (15 o 20 minutos), pero está cerca de la estación de autobuses, ideal para moverse por Santorini. Un hotel tranquilo, acogedor y mucho más barato que sus vecinos. Y si el confort es más básico, las habitaciones tienen las mismas vistas que en las villas de lujo de los alrededores… Nueve habitaciones, ocho apartamentos y seis suites. Piscina y centro de masajes.

▪ PENSIÓN PETROS

✆ +30 22860 22573
www.hotelpetros-santorini.gr
info@hotelpetros-santorini.gr

Dieciséis habitaciones. Habitación doble económica desde 65 € en temporada, según el periodo y la categoría.

Un hotel con piscina al pie de la ciudad, a cien metros del centro, donde encontrará todas las tiendas y restaurantes, y también cerca de la estación de autobuses y de la caldera. Las habitaciones han sido renovadas. Son muy funcionales, con nevera, hervidor de agua, aire acondicionado y balcón. La proximidad de las tiendas y el rápido acceso al centro de la ciudad son una verdadera ventaja. Aquí reina un ambiente familiar desde 1989. Encontrará muchas buenas sugerencias para comer e ideas para pequeñas excursiones por la isla.

■ VILLA ANEMONE

✆ +30 22860 28001
www.villaanemone-santorini.gr
info@villaanemone-santorini.gr
A diez minutos de la terminal de autobuses.
Trece habitaciones. Habitación doble: entre 40 y 95 €, dependiendo de la categoría y el período.
Villa Anemone está situada debajo de la caldera, un poco apartada y, por lo tanto, en un lugar tranquilo, pero a poca distancia del centro (se pasa la estación central de autobuses y se va hacia los campings). Muy limpio, encantador... Bonita piscina. Internet inalámbrico gratuito. Traslados de ida y vuelta previo acuerdo. Incluso se puede alquilar un coche.

Confort o encanto

■ ASTIR THIRA HOTEL

✆ +30 22860 22585
www.astirthira.gr
info@astirthira.gr
Al sur de la ciudad, en la carretera principal hacia el puerto, a cinco minutos a pie del centro.
23 habitaciones. Doble estándar desde 120 € en temporada, desayuno incluido.

Un hotel a escala humana, con habitaciones confortables, televisión vía satélite y nevera. El personal es amable y está atento a sus necesidades. Está un poco alejado de la ciudad —a cinco minutos a pie—, por lo que podrá disfrutar de tranquilidad sin dejar de estar cerca del centro. Nueve habitaciones tienen unas magníficas vistas de la puesta de sol y del volcán, y las otras ofrecen vistas del amanecer y de la piscina, pero todas tienen balcón. Buen desayuno, completo y variado. Traslado al puerto o al aeropuerto gratuito. Agradable piscina con tumbonas. Aparcamiento a cincuenta metros.

■ DREAM ISLAND HOTEL

Martiou, 25
✆ +30 22860 24122
www.dreamislandhotel.gr
info@dreamislandhotel.gr
En el centro norte de Fira en dirección a Firostefani.
Habitación doble estándar: de 140 a 230 €, según la temporada. Desayuno incluido. A menudo se requiere un mínimo de tres noches.
La veintena de habitaciones de este hotel, nuevas y tranquilas, con balcón o terraza privados, tienen una buena ubicación. Para llegar hay que caminar unos 800 metros desde el centro. La decoración es cálida y acogedora. Las habitaciones están repartidas en pequeños edificios alrededor de la piscina, desde donde se puede admirar el amanecer sobre el mar. En el interior: aire acondicionado, equipo de música, nevera, caja fuerte, televisor de plasma en la pared... Gran salón ajardinado con flores alrededor de la piscina, con hamacas. La piscina tiene una buena longitud y anchura y está muy limpia.

KAVALARI HOTEL
Martiou, 25
✆ +30 22860 22455
www.kavalari.com
info@kavalari.com
Habitación doble estándar: desde 150 €
en temporada, con desayuno en la terraza
con vistas al mar Egeo.
Esta magnífica casa de capitanía situada
en lo alto de un acantilado ha sido
restaurada a lo largo de quince años.
La ubicación del hotel es excepcional, con
impresionantes vistas sobre la caldera.
El desayuno es copioso y delicioso, y
acompañado por las vistas panorámicas.
Las diecinueve habitaciones descienden
en escalera por la roca (algunas habitaciones trogloditas parecen incluso
cuevas). Creemos que el precio está justi-
ficado, con una opción más económica
en los apartamentos. Excelente relación
calidad-precio (sobre todo en octubre,
cuando bajan los precios).

KETI HOTEL
✆ +30 22860 22324
www.hotelketi.gr
info@hotelketi.gr
A cinco minutos cuesta abajo de la
terminal de autobuses.
Habitación estándar: desde 120 € en
temporada alta, desayuno incluido.
Las siete habitaciones situadas en lo
alto de los acantilados ofrecen vistas
de pájaro sobre la caldera. Pero el hotel
también tiene suites trogloditas con
bañera de hidromasaje. Una buena opción
en Fira. Wifi en todas las habitaciones.

LOIZOS STYLISH RESIDENCES APARTMENTS
✆ +30 22860 24046
www.loizos.gr – info@loizos.gr
En el centro de la ciudad, cerca de la
catedral.

Doble estándar: desde 150 € en
temporada, desayuno incluido.
23 habitaciones y apartamentos situados
a treinta metros de la caldera, cerca
de una parada de autobús. La piscina
es nueva y las habitaciones y apartamentos han sido renovados recientemente. Algunas habitaciones disponen
de balcón privado con vistas, ideal
para contemplar el amanecer. También
podrá disfrutar de un rico desayuno
tipo bufé en la primera planta acompañado de buenas vistas. Cerca del
establecimiento hay un pequeño supermercado y la estación de autobuses.
Se pueden alquilar escúteres y organizar
excursiones.

THEA STUDIO'S
✆ +30 22860 25357
www.theastudios.com
info@theastudios.com
En una zona tranquila al sur de la
ciudad, a 900 m y 10 minutos a pie
del centro.
23 habitaciones y apartamentos.
Desde 80 € al principio o al final de
la temporada. En ocasiones exigen un
mínimo de dos noches.
Este complejo de reciente construcción
dispone de estudios, apartamentos y
habitaciones de estilo cicládico. Su
particularidad es que está encarado
para ver la salida del sol desde la piscina
o los balcones (que tienen todas las
habitaciones). Gran y agradable piscina
con tumbonas gratuitas. Gran jardín
para tardes de barbacoa y desayunos.
¡Al menos aquí se puede respirar!
Certificado ISO «etiqueta verde» desde
su renovación en 2012. Las mascotas
son bienvenidas. Traslado gratuito de
ida y vuelta desde el aeropuerto y desde
la parada principal de autobuses. 🌿

■ THEOXENIA

☏ +30 22860 22740
www.theoxenia-hotel.com
info@theoxenia-hotel.com
Habitación entre 80 y 160 € según el periodo y la categoría, desayuno incluido. Abierto todo el año. Wifi y aire acondicionado. Traslados al aeropuerto.
¡Hay que espabilar para tener una habitación aquí! Theoxenia es un hotel encantador y cálido, pero muy pequeño, con tan solo nueve habitaciones. Las habitaciones dobles estándar son las más baratas. Desde su renovación, el lugar es bastante selecto y lujoso.

Lujo

■ ANTELIZ

Markou Nomikou, 89
☏ +30 22860 28842
www.anteliz.gr
info@anteliz.gr
Habitación doble desde 315 € en verano, desayuno incluido. Wifi gratuito.

Hay que verlo para creerlo. Esta antigua villa restaurada se alza cerca del vacío y de la caldera, en la carretera que va de Fira a Firostefani. Espectacular desde todos los ángulos. Las habitaciones son, por supuesto, magníficas (y no son tan caras para la ubicación que tienen), y todos los servicios son dignos de un establecimiento de lujo de alta gama.

■ ARESSANA SPA HOTEL & SUITES

Mitropoleos
☏ +30 22860 23900
www.aressana.gr
info@aressana.gr
Junto a la catedral ortodoxa.
48 habitaciones. Habitación doble desde 250 € en temporada, desayuno incluido.
Idealmente situado cerca de la caldera, este hotel balneario, único en Santorini, ofrece un sinfín de servicios de alta gama. Decoración de diseño, habitaciones muy confortables, restaurante ecológico, bar y piscina. Ideales para dos personas, las habitaciones dobles

© S1MURG - ISTOCKPHOTO

Fira.

estándar (unos diecisiete metros cuadrados) son románticas y un remanso de paz, con una decoración *chic* en una paleta de blancos y grises. La mayoría de estas habitaciones se encuentran en la planta baja del hotel. Más arriba también suben los precios.

■ AROMA SUITES
Mitropoleos
✆ +30 22860 24112
www.aromasuites.gr
info@aromasuites.com
A 100 metros de la plaza principal.
Habitación doble troglodita desde 250 € en temporada, desayuno incluido. Abierto todo el año.
Inaugurado en 2006, este hotel se aferra a la pared del acantilado, con impresionantes estudios trogloditas y suites excavadas en la roca. Las vistas se precipitan sobre la caldera. El edificio y las habitaciones son magníficos, la ropa de cama muy cómoda, y la ubicación es perfecta para visitar tanto el centro como el resto de la isla. Puede disponer de una terraza con vistas directas a la isla de Néa Kaméni y a las puestas de sol, pero incluso las habitaciones sin terraza pueden disfrutar del patio o la azotea con las mismas maravillosas vistas.

■ PANORAMA SANTORINI BOUTIQUE HOTEL
Ipapantis Walkway
✆ +30 22860 21760
www.panoramahotel.com.gr
info@panoramahotel.com.gr
En la cima de la caldera. Acceso a pie, cerca de la catedral ortodoxa.
Quince habitaciones y suites desde 240 €, desayuno incluido. Wifi gratuito.
Situado en el corazón de Fira, en la cima de la caldera, este hotel es ideal para combinar una visita a la ciudad y admirar las impresionantes vistas del mar Egeo desde su balcón. Todas las habitaciones son confortables y están decoradas en un estilo refinado y minimalista. El personal es muy atento. El hotel también cuenta con un bar panorámico, el *V lounge,* famoso por sus cócteles.

■ TSITOURAS COLLECTION HOTEL
✆ +30 22860 23747
www.tsitouras.com
reservations@tsitouras.com
Suite desde 500 € en verano, desayuno incluido. Wifi gratuito.
Sí, lo ha leído bien. Esto es solo para echar un vistazo… ¡o derrochar! Se trata de cinco apartamentos verdaderamente excepcionales, diseñados por el arquitecto Dimitris Tsitouras, en una casa construida en 1780. Cada suite, con capacidad para entre dos y cinco personas, recibe el nombre de la colección de obras de arte que la decoran. Está la Casa del Mar, con su colección de ánforas y mapas antiguos, la Casa de los Vientos, la Casa de los Retratos, la Casa de la Porcelana y la Casa de Nureyev. Además, todos los apartamentos se abren a una magnífica terraza con vistas al volcán. Tendrá una estancia para un recuerdo atemporal.

Comer

Bueno y barato

■ ELIA TAVERNA
Erithrou Stavrou
✆ +30 22860 23165
www.eliasantorini.com
reserve@eliasantorini.com
Cerca de la plaza central de Fira.
Todos los días de 11 a 24 h. A partir de 20 € por persona.

VISITA

He aquí un lugar acogedor y sin pretensiones para quienes buscan algo distinto a la caldera. El establecimiento y su azotea acaban de ser renovados. Sirven productos frescos; platos griegos, por supuesto, pero también pasta, carne, ensaladas y pescado. Muchos productos ecológicos cultivados en el huerto de los propietarios. Las raciones son abundantes, tienen precios muy razonables y el personal es muy amable. El propietario elabora su propio aceite de oliva en el pueblo de su infancia. Tienen expuestas muchas fotos antiguas en blanco y negro de Santorini. 🌿

■ KAPARI

En la carretera principal a Firostefani.
✆ +30 2286 027086
www.santorinikapari.gr
tavern@santorinikapari.gr
Todos los días a partir de las 14 h. A partir de 15 € por persona.
Una bonita terraza resguardada y una pequeña y tranquila sala interior. Aquí encontrará sabrosa cocina local, en la que destacan las alcaparras (*kapari* en griego). Pruebe las habas y el cordero a la parrilla con vino blanco y tomillo.

■ NAOUSSA

Al borde de la caldera, cerca de la catedral ortodoxa.
✆ +30 2286 021277
naoussasantorini.restaurant
kyriakostselios@yahoo.gr
De 12 a 0.30 h. A partir de 20 € por persona.
No dude en cruzar la puerta de esta venerable institución de Fira, el Naoussa. En primer lugar, se va allí por las espectaculares vistas sobre la caldera — intente reservar una buena mesa, no se arrepentirá— y, en segundo lugar, por los precios, que siguen siendo razonables. El menú incluye clásicos griegos tradicionales, como excelentes guisos y *keftedes* (albóndigas) con tomate. También hay algunos platos de pescado más caros y elaborados, incluida la pasta con bogavante. El agradable servicio es siempre de agradecer.

■ PELICAN KIPOS

Danezi M.
✆ +30 2286 23433
www.pelican.gr/cafe-winerestaurant
info@pelican.gr
A partir de 15 € por persona. Las botellas rondan los 20 €.
En un antiguo jardín lleno de palmeras y flores. Un lugar relajante para disfrutar de un café, un vino, un helado o una comida bajo las cepas. Excelente cocina. También recomendamos una visita a la bodega, que es un auténtico museo con más de doscientas referencias, principalmente de producción local. Una bodega abovedada a diez metros bajo tierra que funciona desde hace cuatrocientos años, ahora abierta al público. Música en directo los martes y los miércoles a las 22 h. Bar-restaurante en el centro, casi en la plaza, en la callejuela que baja junto al hotel Pelican. Un lugar ideal para desayunar, comer o cenar.

■ TAVERNA SIRTAKI

En el puerto viejo.
✆ +30 22860 23340
En Ormos, el antiguo puerto a los pies de Fira.
Todos los días de 9 a 21 h. A partir de 20 € por persona.
Bienvenido a una agradable taberna situada al borde del agua, frente al volcán. ¡Qué agradable sorpresa encontrarla al bajar las escaleras para compartir sabrosos platos con una acogedora clientela griega! Los platos que sirven

aquí incluyen pescado fresco, sardinas y calamares a la plancha. Pruebe las deliciosas especialidades de la casa: albóndigas de pescado, hojaldre de berenjena, *tomatekeftedès* y pulpo. Los precios son muy razonables si se comparan con los de los restaurantes que rodean la caldera, algunos de dudosa calidad.

Buenas mesas

■ ARGO
✆ +30 22860 22594
www.argo-restaurant-santorini.com
info@argorestaurant.com
A 20 minutos a pie de la plaza central.
Todos los días de 12 a 24 h. Calcule 30 € por persona.
Restaurante atípico situado al norte de Fira. El reto del Argo es combinar los sabores tradicionales de Santorini, o más ampliamente del Mediterráneo, con distintos tipos de productos de otros lugares, para crear platos únicos. Es una buena manera de probar los originales sabores de la *fava* (puré de guisantes partidos), las berenjenas blancas o la *patatina* (una especialidad que mezcla huevos y patatas), por citar solo algunos platos típicos. Disponen de una terraza con unas vistas impresionantes.

■ ASSYRTIKO
✆ +30 22860 34255
www.assyrtico-restaurant.com
info@assyrtico-restaurant.com
Abierto todo el año, a partir de las 11 h, para comidas y cenas. Desde 30 € por persona.
Emplazado en la caldera, este local también ofrece fantásticas vistas del volcán. Nikos Poyliasis y Vasilis Zacharakis reinventan el paisaje gastronómico con una cocina familiar pero

estrafalaria: *mousse* de feta, musakas revisitadas, espaguetis al limón, *sushi* de sardinas y, para terminar, una *mousse* de *halva* macedonia.

■ FANARI
✆ +30 22860 25107
www.fanari-restaurant.gr
info@fanari-restaurant.gr
Sobre la caldera.
Todos los días para comidas y cenas. A partir de 20 € por persona.
Si tiene suerte, aquí podrá encontrar una mesa con vistas a la caldera sin reservar, lo cual es difícil porque todo está muy concurrido. La principal baza del Fanari son las vistas panorámicas hacia la caldera desde una de sus tres terrazas. En cuanto a la cocina, se pueden degustar especialidades locales como los tomates rellenos al estilo de Santorini o el *kleftiko* de cordero, pero también pescado a la parrilla o espaguetis con bogavante.

■ IDOL RESTAURANT & BAR
Ipapantis
✆ +30 2286023292
https://idolsantorini.gr
info@idolsantorini.gr
En el centro de Fira, en la caldera.
A partir de 30 € por persona.
Un menú gastronómico en un entorno precioso: comida excelente, vistas impresionantes y, por si fuera poco, buena música. El menú, orquestado por el chef Konstantinos Angelopoulos, incluye ternera a la brasileña y *risotto* de setas y trufas, todo ello regado con vinos de la zona. Recetas mediterráneas con carnes increíbles, pero también menús especiales para vegetarianos y veganos. También abren para desayunar o tomar una copa.

■ LITHOS
✆ +30 22860 24421
www.lithossantorini.com
info@lithossantorini.com
En la caldera.
Todos los días de mediodía a medianoche.
A partir de 20 € por persona.
A tan solo diez metros de la plaza principal de Fira, en una bonita terraza con fantásticas vistas. Recomendamos este establecimiento por la cálida profesionalidad de su personal y la calidad de sus platos. Las especialidades incluyen pollo con alcachofas, espaguetis con bogavante o ajo, alcaparras y tomates… La variada carta incorpora platos contundentes, principalmente griegos e italianos, a precios razonables. El dueño hace que el ambiente sea aún más agradable, hablando con los comensales y ofreciendo automáticamente una bebida.

■ RASTONI
Marinatou
✆ +30 22860 25117
http://rastonisantorini.com/en/
rastoni.sunset@yahoo.com
Calcule entre 20 y 25 € por persona.
Con productos locales frescos, recetas mediterráneas y un toque de originalidad inspirado en la cocina étnica, el chef del Rastoni hace milagros. Las vistas son una gran ventaja para este romántico restaurante de tres plantas situado en la caldera. Elegante y relajante, es un lugar ideal para pasar una gran velada.

■ VOLCANO BLUE
✆ +30 22860 22850
www.volcanoblue.gr
info@volcanoblue.gr
Sobre la caldera.
Abierto todos los días para comidas y cenas. A partir de 20 € por persona.

Vistas excepcionales, decoración mediterránea depurada, cocina deliciosa y servicio atento. Todos estos ingredientes se reúnen para disfrutar de un almuerzo o una cena romántica en un ambiente de lo más relajante. Orestis, el propietario, ha conseguido convertir su restaurante en un lugar ineludible.

Lujo

■ 1500 B.C.
✆ +30 22860 21331
www.1500.gr
hello@1500.gr
En la caldera. Desde la parte más alta de la ciudad, detrás de la iglesia Mitropolis, siga las indicaciones hacia los hoteles Aressana y Atlantis.
Todos los días de 12 a 23.30 h. A partir de 50 € por persona.
Nada más llegar, las excepcionales vistas de la caldera crean ambiente. El nombre del restaurante hace referencia a la fecha de la erupción del volcán de Santorini, en 1500 a. C., que modeló el paisaje que tendrá frente sus ojos. En el menú, podrá elegir entre excelentes pescados en papillotes, musaka, pasta con salmón, filete de ternera y, por supuesto, la famosa *fava* de Santorini. Todo ello regado con una excelente selección de vinos, incluidas algunas famosas cosechas de Santorini. Solo le quedará disfrutar de su comida frente a una de las panorámicas más bellas del mundo.

■ BAROLO
✆ +30 2286 021344
www.barolosantorini.gr
hello@barolosantorini.gr
Todos los días de mediodía a medianoche.
A partir de 50 € por persona.

© LEOKS – SHUTTERSTOCK.COM

Fira.

Abierto recientemente por los propietarios del 1500 B.C., que está justo encima, este restaurante se ha convertido en pocos años en uno de los establecimientos más populares de Fira. Bautizado con el nombre de uno de los grandes vinos italianos, el Barolo ofrece una refinada cocina mediterránea para ocasiones especiales: langosta a la parrilla, filete de pescado del día, *risotto porcini* con aceite de trufa, *linguini* con gambas, filete de ternera black angus, tiramisú… ¡Una auténtica delicia! Sin olvidar las vistas a la caldera, obviamente sublimes.

Salir

■ GRAFFITI MUSIC CAFÉ
Karterádos
✆ +30 2286 024248
www.graffiti-santorini.gr/
info@graffiti-santorini.gr
Todos los días de 8 a 2 h.

Abierto desde 2006, el Graffiti Music Cafe es un lugar donde relajarse durante el día, ya sea en los *pufs* instalados en la terraza o bien en el interior. Por las noches hay conciertos, normalmente de vibrante música electrónica. Su situación no es ideal (en la carretera que va de Fira hacia el sur de la isla, un poco a las afueras de la ciudad), pero al menos puede hacer todo el ruido que quiera...

La decoración juega con los códigos del *underground*, todo grafiti. Puede ir durante el día para tomar un café o un postre.

■ KOO CLUB
Calle principal de la ciudad alta.
✆ +30 22860 22025
www.kooclub.gr
info@kooclub.gr
En temporada, todas las noches a partir de las 22.30 h. Entrada: 20 € con una bebida incluida.

Abarrotado los sábados por la noche, más tranquilo los demás días. Aquí la entrada incluye una bebida, pero a veces es gratis —a merced de la clientela, dirán algunos—. En general, se trata de un local bastante acogedor, amplio y al aire libre. Decididamente de moda y popular, cuenta con una agradable zona al aire libre donde se pueden tomar copas en las tres barras, bajo las palmeras y la Vía Láctea. Bóvedas azules, rojas y blancas en el interior. Música *dance* y éxitos del momento. La terraza es muy agradable.

◼ THE GREEK WEDDING SHOW
✆ +30 22860 21770
www.whitedoorsantorini.com
info@whitedoorsantorini.com
El espectáculo comienza todas las noches a las 21 h. Entrada: 55 € por adulto y 35 € por niño.
Un concepto de espectáculo único en las Cícladas. El *Greek Wedding Show* es una alocada comedia musical que involucra a parejas, niños, familias y amigos con la cultura local de una forma divertida. Un espectáculo realmente interactivo, con actores, bailarines, cantantes, músicos... y usted, que se sumergirá en la cultura griega a través de la música y la danza en una boda tradicional. Es interactivo porque se le invitará regularmente a participar en los festejos hablando, bailando o rompiendo platos… El servicio incluye una comida durante la que podrá disfrutar de una amplia gama de vinos y *mezes* griegos.

◼ TROPICAL
✆ +30 22860 23089
tropicalbar@gmail.com
Happy Hour de 21 a 23 h. DJ set a partir de las 22 h.

Abierto desde hace más de treinta años, el Tropical sigue regentado por la misma persona, lo que le ha granjeado una clientela fiel. Dispone de una pequeña sala interior con paredes de piedra, pero, sobre todo, de una bonita terraza con vistas a la bahía que hará sus delicias por la noche. Se quedará despierto toda la noche al ritmo de viejos éxitos, sobre todo rock y soul, pero las listas de reproducción cambian cada día. Los cócteles, por cierto, llevan el nombre de algunos de los grandes: puede pedir un Hendrix, por ejemplo.

Qué ver – Qué hacer

◼ CATEDRAL DE SAN JUAN BAUTISTA
Agiou Ioannou
✆ +30 22860 22569
150 m al norte del punto de llegada del teleférico.
Todos los días de 9 a 21 h. Misa a las 10 h.
Esta catedral católica, dedicada a san Juan Bautista (Καθεδρικός Αγίου Ιωάννη του Βαπτιστή), adopta un estilo mitad barroco, mitad cicládico, con un campanario y una cúpula azul, blanca y beis. Data de 1823 y fue reconstruida tras el terremoto de 1956. Es la sede de la diócesis de Fira: unos 450 fieles griegos (además de albaneses, polacos, etc.) procedentes de Santorini, Thirasia, Anafi, Ios, Sikinos y Folegandros. Enfrente, una callejuela conduce al convento de los dominicos.

◼ ISLAS VOLCÁNICAS DE NÉA KAMÉNI Y PALÉA KAMÉNI ⭐⭐⭐
Néa Kaméni
✆ +30 22860 23021
santorinivolcano.gr

Excursión en barco: desde 25 € por tres horas. Entrada: 5 €. Aplicación: «Santorini Volcano».

Situadas en el centro de la caldera, estas dos pequeñas islas constituyen una de las atracciones principales e ineludibles de Santorini. Néa Kaméni/Νέα Καμένη («quemadura nueva») alberga los cráteres del volcán de Santorini y ocupa 3,4 kilómetros cuadrados, mientras que Paléa Kaméni/Παλαιά Καμένη («quemadura vieja») mide 0,17 kilómetros cuadrados y cuenta con una capilla y un *manantial* de agua caliente donde es posible bañarse todo el año. Se accede en barco de excursión (la travesía dura de 20 a 30 minutos) desde el puerto viejo de Fira, el puerto de Athinios, el puerto de Amoudi (Oia) y el puerto deportivo de Vlychada (al suroeste de Perissa). Necesitará buen calzado, bañador, toalla y ropa adecuada a la época del año. Las dos islas se formaron por la potente erupción de Santorini hacia 1610 a. C. La roca fundida del volcán emergió lentamente hasta la superficie desde una profundidad de 470 metros mediante una sucesión de erupciones submarinas entre 197 a. C. y 1950. El islote de Paléa Kaméni emergió a partir del año 46 d. C. Y cien metros al este, Néa Kaméni nació hacia 1570 y creció en tamaño hasta 1950. Ambas islas están bajo observación constante en previsión de que se detecten signos de una nueva erupción.

▶ **Fumarolas y aguas cálidas.** Las dos islas son ahora un espacio natural protegido gestionado por el municipio de Santorini. Se atraca al norte de Néa Kaméni y hay que seguir un sendero de 1,1 kilómetros a través de paisajes desérticos que recuerdan a Marte. Primero se pasa por la parte más antigua de la isla: el cráter Mikri Kameni, que surgió en el siglo XVI. Le sigue el cráter Dafni, formado entre 1925 y 1928. Y, por último, se llega a la cima de la isla, a 127 metros sobre el nivel del mar, con vistas a toda la caldera. Justo al este, los dos cráteres de Georgios aparecieron en 1866 y 1940. El mayor de los dos sigue expulsando fumarolas y gases. Al sur se encuentra la colada de lava de Liatsikas, que lleva solidificándose desde 1950, dando lugar al territorio más nuevo de Grecia. Después se vuelve al barco para llegar a las termas. Algunas excursiones se detienen diez minutos en el lado oeste de Néa Kaméni, pero el principal lugar de baño es el manantial del islote de Paléa Kaméni. Aquí, el magma calienta el mar a trescientos metros de profundidad. El color amarillo indica la presencia de azufre, y el agua alcanza una temperatura de entre 30 y 38 °C en la superficie.

◾ **MUSEO ARQUEOLÓGICO DE SANTORINI**
Erithrou Stavrou
℡ +30 22860 22217
50 m al este de la estación de llegada del teleférico.
Reapertura prevista para 2025. Consulte horarios.
Este museo (Αρχαιολογικό Μουσείο Θήρας/Arachaiologiko Mousio Thiras) cerró en 2022 para ser reformado y albergar su nueva pieza central: el *kuros* de Thera. Esta estatua del siglo VII a. C. fue descubierta en el 2000 en la necrópolis de la antigua ciudad de Thera, en el sureste de la isla, cerca de Perissa. Mide 2,48 metros de altura y representa el busto de un hombre joven (que ha perdido el brazo derecho y la punta de

VISITA

Isla volcánica de Kéa Kaméni.

la nariz), y una columna tallada en el mismo bloque de mármol de Naxos.

Es una de las estatuas de gran tamaño más antiguas de la Grecia clásica. El museo renovado también mostrará las colecciones antiguas, compuestas principalmente por objetos de la ciudad espartana de Thera: figurillas cicládicas de mármol blanco (III milenio a. C.), vasos de Akrotiri (siglos XX-XVII a. C.), un gran *pithos* rojo decorado con un cisne y carros tirados por caballos alados (c. 675 a. C.), un ánfora con motivos de mármol blanco (III milenio a. C.), un ánfora con motivos geométricos (siglo VII a. C.), fragmentos de *kuros* (siglos VII-VI a. C.), una serie de cerámicas de figuras negras entre las que destaca una crátera decorada con cuatro galeras en el interior de su cuello (siglo VI a. C.), una piedra volcánica de 480 kilogramos con la inscripción «Eumastas la levantó» (siglo VI a. C.), estelas y esculturas de época helenística y romana, etc. A la polvorienta museografía de este edificio de 1960 le convenía un lavado de cara.

■ MUSEO MEGARON GYZI

25is Martiou, 405

Justo encima de la estación del teleférico.

✆ +30 22860 23077

40 m al este de la catedral de San Juan Bautista.

Abierto solo en temporada, de mayo a octubre, de lunes a sábado de 10 a 16 h. Entrada: 3 €.

Este museo (Μουσείο του Μεγάρου Γκύζη/Mousio tou Megarou Gyzi) se encuentra en un *megaron* (palacio) construido en el siglo XVIII para la acaudalada familia veneciana de los Ghisi/Gyzi, que se instaló en Santorini en 1642 tras haber formado parte de la aristocracia del ducado de Naxos (1205-1579). El museo recorre la historia de esta familia, de Santorini y de los católicos de las Cícladas, con muebles antiguos, cuadros y fotografías. El centro cultural Gyzi Megaron organiza aquí en agosto un festival de tres semanas, con música clásica, ópera, jazz y mucho más.

■ PUERTO DE ATHINIOS

Ormos Athinios

✆ +30 22860 25015

santoriniports.gov.gr/en

info@santoriniport.gr

8 km al sur de Fira.

Servicio regular de autobús desde Fira. El puerto de la bahía de Athinios (Όρμος Αθηνιός/Ormos Athinios) es el único acceso a Santorini para grandes barcos, al que llegan sobre todo transbordadores y lanchas rápidas. Construido en 1965 y modernizado en 2008, ofrece conexiones con El Pireo, Rafina, las Cícladas (casi todas las islas habitadas), Creta (Heraclión, Rétino, Sitía) y el Dodecaneso (Kárpatos, Rodas, Kasos, Jalki). A nivel local: cuenta con autobuses KTEL que conectan con Fira, Karterádos, Perissa y Kamari, agencias de viajes, venta de billetes, taxis, alquiler de coches, cafeterías y tabernas.

Visitas guiadas

■ SANTORINI PIXIDA TRAVEL

Puerto de Athinios

✆ +30 697 971 0682

https://santorinipixida.com

info@santorinipixida.com

De abril a octubre. Excursiones desde 120 € por media jornada en grupos reducidos. Traslados disponibles.

En esta agencia, idealmente situada en el puerto, pueden organizarle muchas cosas, empezando por el traslado a su hotel. Dependiendo de la duración de su visita, sus chóferes también ofrecen diversos paquetes. Una excursión *corta* de cinco horas permite explorar los lugares históricos y más bellos de Santorini. También puede reservar una combinación de yacimiento arqueológico, cata de vinos y playas de ensueño. Ofrecen igualmente excursiones al volcán y paseos en catamarán.

FIROSTEFANI

A tan solo diez minutos de Fira, Firostefani se aferra al borde del acantilado y ofrece unas fabulosas vistas de la caldera: un entorno único bañado en tranquilidad. Este pequeño *suburbio* de Fira es más tranquilo que su vecino, pero resulta práctico para explorar las principales atracciones de la isla. De todas formas, está a un corto paseo del centro de Fira, por lo que podrá disfrutar del bullicio de la ciudad de vez en cuando.

Tranquila y romántica, Firostefani es una especie de dormitorio de lujo, a veces incluso más caro que Fira. Los hoteles aquí se llenan rápido, así que no dude en reservar con antelación. Aparte de las vistas y los hoteles, que no es poco, Firostefani no tiene ningún lugar de especial interés.

Transporte

■ **TONY'S RENT A CAR & MOTOS**
A 150 m de la terminal del teleférico.
℡ +30 22860 22863
www.santorini.com/rentals/tonys
thiragr@otenet.gr
Al salir de Fira en dirección a Oia, gire a la izquierda en la curva.
Puede elegir el punto de partida del vehículo.
Entrega en toda la isla. Tony alquila coches, escúteres y ATV (vehículos todoterreno). Servicio de averías en toda la isla. Pida presupuesto en la página web, donde a menudo hay ofertas especiales.

© ANA JOVETIC-VUCKOVIC

VISITA

Firostefani.

Dormir

Bueno y barato

■ HOTEL MARGARITA

✆ +30 22860 24377
www.hotelmargarita.gr
margaritafirostefani@gmail.com
Situado justo donde empieza la carretera hacia la caldera.
Habitación doble con desayuno desde 80 € en verano. Abierto todo el año.
Este hotel dispone de veinte confortables habitaciones con balcón privado (con vistas al este, a la salida del sol), nevera y aire acondicionado. También tiene piscina y bar. Es un establecimiento sin pretensiones, pero limpio y agradable, especialmente adecuado para familias (lo que no es inusual en Santorini), con habitaciones que pueden alojar hasta cuatro personas.

■ HOTEL REVERIE

A la izquierda, en la carretera principal a Oia.
✆ +30 22860 23322
www.reverie.gr
info@reverie.gr
Habitación doble estándar: entre 50 y 90 € según la temporada y la categoría. Piscina. Bar. Aparcamiento gratuito. Transporte al aeropuerto. Aire acondicionado y wifi.
Este encantador hotel con piscina no está lejos de la caldera. Ofrece diferentes opciones: habitación individual, estudio o suite, con o sin vistas. Excelente servicio y alquiler de coches en el lugar. También organizan excursiones. Habitaciones decoradas con atención al detalle. El personal es atento, sonriente y siempre está disponible. Recomendamos este hotel por su relación calidad-precio.

■ HOTEL SOFIA

Calle principal
✆ +30 22860 22802
www.sofiahotelsantorini.com
info@sofiahotelsantorini.com
Por la derecha de la iglesia, suba 20 m y lo verá frente al molino.
Habitación doble estándar desde 70 € en verano. Desayuno: 8 €.
Un pequeño hotel familiar sin pretensiones particulares, pero no exento de encanto. Tiene la ventaja de estar situado en el centro. Su azotea, en particular, parece absolutamente *instagrammable*, con unas vistas impresionantes de la iglesia y su cúpula azul justo al lado. Desde un punto de vista práctico, está a solo un cuarto de hora a pie de Fira y justo en el centro de Firostefani. Entre sus ventajas, quizá le apetezca aprovechar su piscina, estrecha, eso sí, pero suficiente para darse un chapuzón refrescante en las horas de calor. Práctico, en resumen.

Confort o encanto

■ KAFIERIS APARTEMENTS ON THE CLIFF

En la caldera.
✆ +30 22860 25759
www.kafierishotel.com
kafierisapartments@gmail.com
Situado en el punto más alto de Fira, en Firostefani, a solo 500 m del centro.
Habitación desde 110 € en temporada alta, sin desayuno.
Un hotel sencillo, con pocas habitaciones, algunas con cocina totalmente equipada. Pero con unas vistas extraordinarias desde los balcones y, sobre todo, desde la terraza, donde se puede desayunar o utilizar la bañera de hidromasaje. El desayuno también se puede

tomar en la habitación y, para nadar, a menudo se puede utilizar la piscina del hotel Margarita (del mismo propietario). Todo el lugar carece de pretensiones, pero es práctico y tranquilo.

Lujo

■ AGALI HOUSES
✆ +30 22860 22811
www.agalihouses.gr
info@agalihouses.gr
Habitación doble con vistas al mar desde 150 € en verano, desayuno incluido.
Otro lugar acogedor e impresionante donde alojarse. Los estudios más pequeños miden entre veinte y treinta metros cuadrados, y todos disponen de balcón y cocina americana. La decoración es impecable, con énfasis en el horizonte y en las vistas de la caldera. Magnífica piscina, también con vistas. Servicio y comodidades de lujo.

■ GALINI HOTEL & VILLAS
✆ +30 22860 22095
www.hotelgalini.gr
info@hotelgalini.gr
A pocos pasos de la pequeña plaza sobre la caldera.
Doble estándar a partir de 180 € al principio y al final de la temporada, con un desayuno muy bueno.
Enclavado en la ladera de un acantilado con increíbles vistas al mar y a la caldera, este pequeño hotel de doce habitaciones es un establecimiento encantador y acogedor. Las habitaciones tienen una distribución ideal y están decoradas al estilo de las Cícladas. Las suites disponen de balcón privado. Christina hará todo lo posible para facilitar su estancia y su visita a la isla. El hotel también cuenta con villas en la caldera y

© ANA JOVETIC-VUCKOVIC

Iglesia en Firostefani.

de una cafetería con terraza panorámica en la azotea. El desayuno de alta calidad que sirven por la mañana, frente a las vistas despejadas, es una experiencia que no hay que perderse.

■ MILL HOUSES STUDIOS & SUITES
Fira Santorini
✆ +30 22860 27 117
www.millhouses.gr
info@millhouses.gr
Abierto todo el año. Estudio desde 95 hasta 300 € en verano, con desayuno y traslado incluidos.
El ambiente es tranquilo y las vistas hablan por sí solas. En los tres estudios y las diez suites más caras, la decoración es moderna y está bañada en música relajante. Las instalaciones incluyen piscina, bañera de hidromasaje y bar. Todo ello a tan solo setecientos metros del centro de Firostefani, a diez o quince minutos a pie. Ideal para una luna de miel.

Firostefani.

Comer

■ AKTAION TRADITIONAL RESTAURANT

℡ +30 22860 22336
www.aktaionsantorini.com
info@aktaionsantorini.com
En la plaza principal, frente a la iglesia. *Todos los días de 13 a 24 h. A partir de 25 € por persona.*

Uno de los establecimientos más venerables de la isla, fundado en 1922 y transmitido de padres a hijos sin haber perdido nada de su encanto. Los platos típicos se sirven en una terraza azul y blanca a menudo llena hasta la bandera. El cordero al horno con patatas y queso *feta* es una auténtica delicia. Cuando hay menos turistas, el propietario y sus clientes pueden rememorar y contarle toda la historia del lugar. En el exterior, es imprescindible reservar mesa.

■ MYLOS BAR RESTAURANT

℡ +30 22860 25640
www.mylossantorini.com
info@mylossantorini.com
Junto a la iglesia, sobre la caldera. *Abierto para comidas y cenas. A partir de 30 € por persona.*

El célebre restaurante gastronómico del molino y su espléndida terraza dan al mar resplandeciente. Es el lugar perfecto para una inolvidable cena romántica o un cóctel al atardecer. ¡Nadie podrá resistirse!

■ VANILIA RESTAURANT

℡ +30 22860 25631
www.vanilia.gr
vanilia@vanilia.gr
Junto a la iglesia, sobre la caldera. *Todos los días de 12 a 22.30 h. A partir de 25 € por persona.*

Un romántico restaurante lleno de flores con preciosas salas y unas impresionantes vistas de la caldera. ¿Cómo resistirse a su cenador con vistas? Este restaurante tradicional lleva abierto más de veinte años. Ofrecen una amplia variedad de cocina griega, tanto a la carta como de menú: *mezes,* pescados, mariscos, carnes, sopas y ensaladas. También probamos sardinas asadas con albahaca y tomates asados, y un excelente *rizogallo* (arroz con leche).

Las vistas sobre la caldera, el ambiente romántico y la calidad del servicio no le dejarán indiferente.

Salir

■ GALINI CAFÉ

℡ +30 22860 22095
www.galinicafesantorini.com
galini-htl@otenet.gr
En la azotea del hotel Galini, a pocos pasos de la iglesia.

Magníficas vistas de la caldera y el mar Egeo. Ambiente romántico desde el desayuno hasta el aperitivo al atardecer. Sirven desayunos, bocadillos, ensaladas, crepes y pasteles, así como vinos y cócteles locales. Todo está delicioso. ¡Imprescindible!

IMEROVIGLI

Imerovigli se halla a un cuarto de hora a pie de Fira por Firostefani. Es otro *suburbio dormitorio* de lujo para descongestionar Fira. No hay lugares de especial interés que visitar, pero sí un maravilloso paseo por un sendero junto al acantilado que conduce a una capilla suspendida en el aire, la capilla de Theoskepasti.

VISITA

Dormir

Confort o encanto

■ AELIA BY ELTHEON

☎ +30 22860 24078
www.aeliabyeltheon.com
eltheon@otenet.gr

Estudio o apartamento: 260 € por noche en temporada.

Se trata de un hotel muy limpio y práctico situado junto a la capital, Fira. Fácil de llegar a pie, el establecimiento es tranquilo, con un pequeño supermercado justo al lado. Los estudios ofrecen una buena relación calidad-precio. Todos disponen de cocina americana y televisión. La arquitectura y el mobiliario son tradicionales, y las habitaciones, espaciosas, han sido renovadas recientemente. Además, hay una piscina con un espacio para niños. Y algunos buenos servicios, como el de alquiler de coches. Una buena opción para recomendar.

■ ATHIRI SANTORINI FAMILY FRIENDLY HOTEL

☎ +30 22860 36230
www.athirisantorini.gr

A la izquierda al salir del pueblo, en la carretera hacia Oia.

Estudio para dos personas desde 100 € por noche a principios y finales de temporada (pero hasta 250 € en agosto), desayuno incluido.

El Athiri es un pequeño y nuevo hotel de siete habitaciones que ofrece alojamiento y hospitalidad orientados también a familias y padres que viajan con niños. El respeto al estilo arquitectónico de las Cícladas y las vistas al mar o al jardín son las mayores bazas de este establecimiento. Ofrece unas vistas excepcionales, cerca de las atracciones turísticas y sin aglomeraciones. Suites familiares con salón, cocina, spa y terraza; además de sala de juegos y piscina exterior.

■ LUNA ROSSA

Eparhiaki Odos Firon-Oias
☎ +30 2286025943
www.santorini-lunarossa.gr
lunarossasantorini@gmail.com

Estudio con balcón desde 130 a 280 € por noche. Desayuno: 15 €.

Precioso establecimiento con magníficas vistas a la bahía de Santorini y al mar Egeo, y con una espléndida piscina. Sus diez habitaciones son agradables y espaciosas, y todas disponen de terraza, balcón o veranda. Merece la pena especialmente el apartamento Deluxe, con bañera de hidromasaje y vistas panorámicas de 360°. El abundante desayuno se lo servirán en la habitación. Fred, el amable propietario, habla varios idiomas. Estará encantado de recibirle y aconsejarle. En temporada alta suele ser necesario alojarse un mínimo de dos noches.

© LUNA ROSSA

Atardecer desde el hotel Luna Rossa.

DIEZ KILÓMETROS A PIE...

Fira-Oia, un inolvidable paseo de diez kilómetros por los acantilados. La mejor manera de disfrutar de las vistas en Santorini es caminar. Esta caminata de tres horas le permitirá detenerse para hacer un pícnic sobre la caldera y terminar, al final de la tarde, frente a la legendaria puesta de sol en Oia. Para volver, en verano circulan algunos autobuses hasta las tres de la madrugada. Otra posible excursión es hacia el sur, desde el pueblo de Perissa hasta la antigua Fira (Mesa Vouna). Es muy bonita y menos conocida por los turistas. Por último, también puede caminar desde Akrotiri hasta el faro, ya que no hay autobús. Distan cinco kilómetros, y como hay pocos edificios turísticos en el camino, es bastante pintoresco.

Lujo

■ AEOLOS

✆ +30 228 602 3321
www.aeolos.gr – info@aeolos.gr
Estudio con bañera de hidromasaje desde 230 € en verano, sin desayuno.
Es difícil no enamorarse de este hotel boutique situado en la cresta de la caldera, a 330 metros sobre el nivel del mar. En cuanto a las instalaciones, este renovado establecimiento cuenta con piscina, jacuzzi interior y servicios de aromaterapia. Inolvidable.

■ ASTRA SUITES

✆ +30 22860 23641
www.astrasuites.com
info@astrasuites.com
En la caldera, a dos minutos a pie cuesta abajo.
Treinta suites y una villa. De 330 a 470 € por noche, desayuno incluido. Estancia mínima de dos o tres noches.
El Astra Suites está encaramado en el acantilado volcánico más excepcional de Santorini. Es sencillamente espléndido. El hotel en sí se asemeja a un pintoresco pueblo de las Cícladas. Su ubicación ofrece unas vistas panorámicas fascinantes: la alquimia natural de la misteriosa caldera y el azul intenso del mar Egeo van cambiando ante sus ojos a medida que avanza el día. Está clasificado entre los 25 mejores hoteles del mundo y galardonado con el premio *Best Service* por la atención y servicio que presta su personal.

■ CHROMATA UP STYLE HOTEL

www.katikies.com/chromatasantorini
info@chromata-santorini.com
Habitación doble desde 500 € por noche; los precios varían según la época y la categoría. Desayuno incluido.
Un hotel que está a la altura de las expectativas de quienes han venido en busca de paz y tranquilidad para sus vacaciones de verano, por las impresionantes vistas de Santorini y por la calidad del servicio de un establecimiento de lujo. El personal hará todo lo posible para facilitar y mejorar su estancia. Las habitaciones están impecables, son muy cómodas y la ubicación no podría ser mejor. El restaurante gurmé, la piscina con hidromasaje, el delicioso desayuno... seguro que no olvidará nada de su estancia en Santorini, siempre que pueda pagar el precio. Piscina exterior.

■ KAPARI NATURAL RESORT

✆ +30 22860 21120
www.kaparisantorini.gr
info@kaparisantorini.gr
En la caldera, a dos minutos a pie
cuesta abajo.

*Catorce habitaciones y suites. Desde 335
a 495 € en verano, desayuno incluido.*
Situado en la ladera de un acantilado, el
Kapari es un lugar mágico. Añadido en
2014 a la muy selecta lista de 23 establecimientos elegidos por la revista
National Geographic por su confort y
autenticidad, este resort de lujo sigue
siendo una estructura a escala humana.
Se accede a pie, porque se trata de
un entorno de postal: calma, placer,
estilo arquitectónico cicládico e increíbles vistas al mar Egeo. Con todos los
servicios que cabe esperar de un hotel
de cinco estrellas, el trato y el desayuno
son impecables. En resumen, le aguarda
una estancia de ensueño.

■ VORA

Imerovigli
✆ +30 2286 025287
www.voravillas.com
info@voravillas.com

*De abril a octubre. Villa desde 830 €
por noche. Estancia mínima de dos
noches.*
Encaramadas en lo alto de la caldera,
las villas del Vora ofrecen unas vistas
absolutamente sublimes para disfru-
tarlas en absoluta paz y tranquilidad.
Cada villa cuenta con un dormitorio con
cama *king-size,* porche con piscina,
sala de estar, cocina y comedor, todo
impecablemente decorado en tonos
claros y naturales.
A un mundo de distancia de las multitudes y, sin embargo, tan cerca de
los restaurantes y lugares de interés
de Imerovigli, podrá disfrutar de la
codiciada soledad y pensar en lo afor-
tunado que es realmente. Para soñar
despierto.

■ WHITEDECK HOTEL

Junto a la iglesia ortodoxa maltesa.
✆ +30 22860 24547
www.whitedecksantorini.com
info@whitedecksantorini.com

*Suite a partir de 180 € por noche en
temporada baja, desayuno incluido. Con
transporte al aeropuerto.*
No se confunda: si conocía los Oniro
Studios, simplemente han cambiado de
nombre. Por lo demás, no hay cambios:
sigue habiendo muchas escaleras, pero
solo hay que seguir las indicaciones.
Situado en el punto más alto de la isla,
con auténticas cuevas excavadas en
la roca, el hotel ofrece unas vistas
inigualables. Ambiente muy tranquilo,
acogedor y familiar, sin pretensiones
particulares. Aunque también ofrece

Imerovigli.

VISITA

© NICK N A – SHUTTERSTOCK.COM

Imerovigli.

suites con bañera de hidromasaje privada… La tranquilidad de Imerovigli no tiene parangón en ninguna otra parte de la isla. Posibilidad de desayunar en el balcón.

Comer

■ ANOGI

✆ +30 22860 21285
www.anogirestaurant.gr/
Abierto todas las tardes a partir de las 17 h. Se recomienda reservar. 20 € por persona.
Sencillo pero de buen gusto, este restaurante está situado en una plaza del pueblo de Immerovigli. La comida es muy buena, con una carta de platos griegos de carne y pescado. Se trata de una taberna iconoclasta en la que sirven varios platos de Tesalia, como ternera estofada con pasta y aceite de oliva de Gythio. También hay abundantes *mezes*. El servicio siempre ofrece una

sonrisa y una cálida charla. Pero no olvide llegar pronto, ya que suele haber cola en la entrada.

■ AVOCADO

✆ +30 22860 36183
www.avocadosantorini.gr
avocadosantorini@yahoo.gr
Todos los días de 12 a 23 h. Calcule unos 15 € por persona.
La calidad de la cocina de este restaurante es seductora, y sin pasarse en el precio. Ambiente relajante y servicio amable en un entorno confortable. Platos vegetarianos, postres caseros y una buena carta de vinos locales. Está siempre lleno en verano, así que no olvide reservar con antelación. Otra ventaja es que utilizan ingredientes locales y ecológicos, principalmente de la isla de Santorini, para preparar los platos y garantizar así la mejor calidad. Las islas de Lesbos (por su queso) y Naxos (aceite de oliva) también están presentes en el menú.

■ PINK SOPHIA MARIA

Camino de Fira.

☎ +30 2286 023874

pinksophiamaria.com

Abierto ininterrumpidamente de 9 a 19 h.

A partir de 15 € por persona.

Este es otro ejemplo del renacimiento del *kafeneio* en la isla. Aquí, el chef Giannis Kourtesis revisita clásicos griegos como la simple *toast* (el equivalente al *sándwich* de pan de molde, jamón cocido y queso fundido) con ingredientes locales, como sabrosos quesos y embutidos de la región. El *brunch,* con tartas caseras e ingeniosos platos con huevos, bien merece una visita. Pero a medida que avanza el día, el escaparate se llena de *mezes* gurmé, como *fava, dolmadakia* y anchoas marinadas, además de platos tradicionales del día. La limonada también es casera, por supuesto.

OIA – IA

Se trata de uno de los lugares más bellos de Grecia, y más aún si consigue visitarlo alejado de las multitudes y fuera de un grupo. Fira ya es magnífica, pero esto lo supera todo. Este lugar es único y las vistas del paisaje son místicas (volcán, mar, caldera…).

Situado a once kilómetros de Fira, el pueblo de Oia (pronunciado 'I-a') fue abandonado por sus habitantes en 1956 tras un terremoto. Las seiscientas personas que hoy viven allí han restaurado las casas destruidas o construido otras nuevas, excavadas en la roca.

Aunque las vistas son excepcionales, el pueblo no está exento de trampas para los turistas: tabernas de mal gusto, restaurantes de lujo que cobran un alto precio por las vistas y, sobre todo, calles abarrotadas prácticamente de la mañana a la noche. La hora de la siesta griega (de 15 a 18 h) es quizá el momento más tranquilo para pasear. Por la noche, el ambiente es tranquilo y romántico. Siempre es un placer pasear por las estrechas calles de mármol del casco antiguo, entre las antiguas

Oia - Ia.

© ALAMER – ICONOTEC

Iglesia en Oia.

casas neoclásicas y las capillas blancas y azules con sus características cúpulas. Al atardecer, las vistas son magníficas y se respira un ambiente tranquilo, aunque también sea el momento más concurrido del día.

Oia domina dos bahías: Ammoudi (al oeste) y Armeni (al este). Desde ellas parten las excursiones en barco a la caldera. Ambas albergan numerosas tabernas de pescado, y su ubicación es realmente ideal para pasar una agradable velada: justo al borde del agua, aisladas al pie de los impresionantes acantilados.

Transporte

■ **EXPLORER 1**
✆ +30 69842 66375
www.explorer1.gr
explorer1santorini@gmail.com
Todos los días de 9 a 23 h. Alquiler de pequeñas embarcaciones, con o sin licencia, por horas o por días.

Esta empresa de alquiler de barcos ofrece dos opciones: una sin licencia, con navegación restringida, solo en la caldera, y otra más cara pero con una ventaja: yates de 24 pies con capitán y azafatas para cruceros privados (hasta nueve personas a bordo). Alquiler de tres horas o de un día entero.

Información práctica

■ **DROSSOS TRAVEL**
✆ +30 22860 71492
www.drossostravel.gr
info@drossostravel.gr
Todos los días de 9 a 23 h.
A la entrada del pueblo, se accede por la carretera principal a la derecha o por la calle peatonal frente a la caldera. Esta agencia le puede gestionar la compra de billetes de barco, autobús, tren o avión, así como las excursiones y actividades en la isla. También puede reservarle un alojamiento de última hora o paquetes familiares.

Dormir

Bueno y barato

■ **GALINI PENSION**
☏ +30 22860 71396
www.galini-ia.gr
galiniia@otenet.gr
Habitación doble: entre 60 y 120 € en verano. Desayuno: 10 €.
Es difícil encontrar alojamiento económico en Oia, sobre todo en temporada alta. Pero esta pensión de diecisiete habitaciones, sin vistas pero confortable y en pleno pueblo, merece una mención especial. Además, normalmente se puede aprovechar la piscina del hotel vecino, regentado por los mismos propietarios.

■ **THE FLOWER FAMILY PENSIÓN**
☏ +30 22860 71130
https://flower-santorini.com
info@flower-santorini.com
Habitación doble desde 90 € al principio y al final de la temporada, sin desayuno.

Este pequeño hostal de gestión familiar ofrece diez espaciosas habitaciones para entre dos y cuatro personas, cada una con su magnífico balcón y todas con vistas al espectacular jardín y a la piscina. Tiene una excelente relación calidad-precio, teniendo en cuenta que se trata de Oia. Esto se debe en parte a su ubicación, un poco alejada de la caldera (pero a solo cinco minutos del centro). Las habitaciones son cómodas, están limpias y disponen de nevera. Y desde los balcones de las habitaciones se contempla el mar en la distancia. La piscina central también es muy agradable. Un buen establecimiento para familias.

Confort o encanto

■ **FINESSE SUITES**
☏ +30 22860 71406
www.finessesuites.com
Estudio para dos personas desde 150 € en temporada.
Situadas en lo alto de los acantilados de Santorini, estas suites se hallan en uno

© ANA JOVETIC-VUCKOVIC

Torre del reloj de Oia.

de los lugares más pintorescos de las Cícladas. El complejo, abierto todo el año, ofrece la oportunidad de sentirse como en casa en auténticos apartamentos trogloditas. Son una buena opción para familias, y con unas vistas estupendas. Si reserva con antelación, encontrará algunos estudios con encanto que no son demasiado caros, incluso en temporada alta, en comparación con el resto de la oferta de alojamiento en Oia. Cuando llegue al pueblo, pregunte en la agencia Ecorama, situada junto a la parada del autobús, que le negociará un buen precio en temporada baja.

■ **HELIOPHOS**
Finikia
☎ +30 22860 71886
www.heliophos.gr
info@heliophos.gr
Estudio o apartamento: de 70 a 115 € en verano, desayuno incluido.
Sophia, la propietaria, ha transmitido a su hotel su pasión por los viajes. Estos estudios y casas trogloditas, típicos del pueblo, están adornados con toques originales y artísticos. Tranquilas y encantadoras, algunas de las habitaciones tienen vistas al mar. Su precio debe considerarse relativamente bajo teniendo en cuenta el lugar.

■ **LAOKASTI VILLAS**
St. George
☎ +30 22860 71 343
www.laokasti-santorini.com
info@laokasti-santorini.com
Abierto de marzo a octubre. Estudio para dos personas desde 120 € en verano, desayuno incluido.
Situado junto a la carretera principal, a la entrada del pueblo, a la derecha, frente a la iglesia. Nos gusta este establecimiento en el que las habitaciones

Llamativa iglesia ortodoxa de Oia.

y los apartamentos disponen todos de una auténtica cocina y desprenden un cierto encanto rústico. En el restaurante sirven especialidades griegas. Incluso hay una sauna gratuita.

■ **MUSEUM SPA WELLNESS**
☎ +30 22860 71515
Abierto todo el año. Habitación doble desde 100 € en verano, desayuno incluido.
Esta casa tradicional situada en la calle peatonal del centro del pueblo albergó en su día el Museo Naval. El alojamiento tiene aire acondicionado, cocina de verdad y una capacidad para cuatro personas. En el patio interior hay un viejo olivo y una tentadora piscina, así como un centro de bienestar y belleza. La terraza del primer piso ofrece vistas ininterrumpidas al mar y a la puesta de sol. Aunque su habitación carezca de vistas al mar, es una buena opción fuera de temporada o si se reserva con antelación.

■ OLD OIA HOUSES
☎ +30 22860 71 198
www.oldoiahouses.gr
vman1945@otenet.gr
Abierto de marzo a octubre. Estudio doble: de 135 a 155 € en temporada alta.
Agradable establecimiento que ha conservado el encanto de antaño en la decoración de sus estudios y pequeños apartamentos. Balcón y desayuno con una magnífica vista. Un alojamiento con mucho encanto.

■ OLYMPIC VILLAS
☎ +30 22860 71495
www.olympicvillas.com
info@olympicvillas.com
A la entrada de la población.
Estudios: entre 65 y 125 € según la temporada y las vistas. Desayuno: 8 €.
Las tarifas son aquí razonables si se está dispuesto a prescindir de las vistas. De lo contrario, los precios suben rápidamente... pero las habitaciones tienen más encanto. Este hotel ofrece incluso casas trogloditas con vistas. Servicios honestos. Buena opción si desea alojarse en Oia. También puede aprovechar las dos piscinas del hotel, una de ellas con vistas al mar.

Lujo

■ 1864 THE SEA CAPTAIN'S HOUSE
☎ +30 22860 71983
www.sea-captains-house.com
1864@sea-captains-house.com
Habitación doble desde 400 € en temporada alta, desayuno incluido.
Es una locura, pero es un lugar raro en el que realmente uno siente que vive en una casa de verdad... salvo que esta casa señorial de dos plantas está parcialmente excavada en el acantilado. Antigua propiedad de una familia de armadores, esta villa data de 1864 y en su día fue clasificada entre los cincuenta hoteles más bonitos del mundo. Es fácil entender por qué: un puñado de suites decoradas con gusto se aferran al acantilado. No hay piscina, pero sí una bañera de hidromasaje con vistas.

■ AETHRIO
Sideras Street, 1; ☎ +30 22860 71040
www.aethrio.gr – info@aethrio.gr
En el centro de Oia, cerca de la iglesia.
Habitación doble estándar desde 198 € en verano, desayuno incluido.
Este acogedor hotel de diecinueve habitaciones está perfectamente situado en el corazón del pueblo, pero en una zona muy tranquila. A solo cincuenta metros por un callejón se sale al paseo principal de la caldera. En un entorno maravilloso, su gran piscina es el lugar perfecto para relajarse. Algunas de las habitaciones, bien equipadas, tienen grandes balcones o incluso terrazas privadas, pero no importa donde se encuentre, no podrá escapar de las espectaculares vistas, especialmente al atardecer... Algunos viajan desde lugares del mundo muy lejanos para disfrutar de estas panorámicas.

■ ALEXANDER'S BOUTIQUE HOTEL
☎ +30 22860 71818
www.alexandershotel.com
only@alexandershotel.com
A la entrada del pueblo, a la izquierda, justo en la caldera, incrustado en el acantilado.
Abierto todo el año. Estudio troglodita para dos personas desde 350 € en verano, desayuno incluido.
Estas cuevas de alquiler llevan el nombre de piedras preciosas: Jade, por ejemplo, puede alojar hasta cinco adultos. Ofrecen vistas de 180 grados sobre el mar Egeo. Tradición y lujo son las señas de identidad de este lugar mágico.

ARIS CAVES

✆ +30 22860 71511
www.ariscaves.gr
oia@ariscaves.gr
En la caldera, en el centro del pueblo, a la izquierda, descendiendo hacia el restaurante Ambrosia.
Para dos personas: entre 195 y 215 € en verano (los más baratos).
La señora Christa le dará la bienvenida para organizar sus traslados. Tras unos pocos pasos descubrirá una pequeña puerta en la que está escrito el nombre del lugar. La cueva de Aris es un espacio absolutamente encantador, con muchas flores, gatos, pero sobre todo con unas vistas impresionantes. Su gran terraza con vistas al mar se reconoce desde la arteria principal porque es la más avanzada del pueblo.

DELFINI

✆ +30 22860 71600
www.delfinihotel.net
info@delfinihotel.net
Abierto todo el año. Estudio estándar para dos personas desde 210 € en verano, desayuno incluido.
Un verdadero hogar lejos de casa, incrustado en las rocas de Santorini. El estudio básico cuenta con una pequeña zona de sofás, nevera, televisor, reproductor de CD y DVD, cocina americana y conexión wifi gratuita. Fuera, el mar. Más cerca, la piscina. ¡Sublime!

PERIVOLAS

✆ +30 22860 71308
www.perivolas.gr
info@perivolas.gr
A la entrada del pueblo.
Estudio o suite desde 550 € en verano.
Sin duda, uno de los hoteles más bellos del mundo. Ambiente zen, servicio impecable y un premio arquitectónico. La piscina, que parece sumergirse en el mar, ha sido portada de decenas de revistas. La última suite en abrir tiene bañera de hidromasaje y su propia piscina. Pura locura.

Comer

Tentempié

LOLITA'S GELATO

✆ +30 2286 071279
www.lolitasgelato.com
info@lolitasgelato.com
Justo encima de la terminal de autobuses.
De 10 a 12.30 h.
Una heladería artesanal muy buena que ofrece sorbetes y helados clásicos o con sabores un poco originales (pepino, cacahuetes... e incluso la famosa especialidad *Viagra griega,* que sabe a yogur con miel y nueces). En cualquier caso, están deliciosos. Además, los precios son baratos.

Bueno y barato

AMMOUDI FISH TAVERN

Ammoudi
✆ +30 22860 72298
ammoudisantorini.com
booking@ammoudisantorini.com
Todos los días de 11 a 23 h. A partir de 25 € por persona.
Su excepcional ubicación junto al puerto y los pulpos secándose al sol hacen salivar a cualquiera. Además, en este establecimiento del pequeño puerto de Ammoudi, a los pies de Oia, le espera un trato muy amable. Pescado fresco comprado directamente en el muelle a los pescadores locales, langosta,

ensaladas griegas… Una delicia para comer cerca del agua y con unas vistas excepcionales del mar. También es famoso por su terraza y sus aperitivos al atardecer. Solo hay que tener cuidado con la cuenta si escoge pescado por peso: los precios suben rápidamente.

■ KRINAKI

Finikia
℡ +30 2286 071993
https://krinaki.gr
krinaki.tavern@gmail.com
Abierto todos los días desde el desayuno, de 9 a 23 h. Desde 25 € por persona.
Este es sin duda uno de los mejores lugares para comer en la isla. Esta excelente taberna tradicional griega se encuentra en el tranquilo y apacible pueblo de Finikia, justo detrás del bullicio de Oia. E insistimos en lo de tradicional, con un ambiente relajado y acogedor, una decoración rústica de buen gusto y, sobre todo, una cocina local extremadamente sabrosa. Andreas, el joven propietario, se esmera en buscar los mejores productos locales. El *imam bayaldi* (berenjenas rellenas) es sencillamente exquisito.

■ LOTZA

En la calle peatonal.
℡ +30 22860 71357
Todos los días de 8.30 a 22.30 h. A partir de 15 € por persona.
La terraza del Lotza, con vistas a Fira y a la caldera, es un lugar romántico. Se ve desde la calle e inmediatamente dan ganas de entrar. Hay mesas dentro, pero es mejor esperar un poco para conseguir un sitio en la terraza. Es perfecto para un desayuno romántico o para tomar una copa. Preparan ensaladas, musakas, *baklavas* y otros platos tradicionales. En comparación con el resto del pueblo,

© KRINAKI

Letrero de la taberna Krinaki.

el menú es bastante económico. Trato muy cordial y unas vistas impresionantes.

■ PELEKANOS RESTAURANT

℡ +30 22860 71553
www.pelekanosrestaurant.gr
pelekanosrestaurant@gmail.com
Casi al final de la calle peatonal principal, a la izquierda, frente al hotel Museum.
Abierto todos los días a partir de las 10.30 h para almuerzos y cenas. Alrededor de 15 € por persona.
Fundado en 1996, este restaurante ofrece una mezcla de especialidades locales e internacionales. Influencia mediterránea griega. Excelente pan casero. Platos preparados y menús ligeros a mediodía. Las cenas son obligadas en la terraza de la azotea, con sus vistas excepcionales de 360°. Aquí también se pueden alquilar pequeñas embarcaciones a motor, con o sin licencia, para excursiones diarias o por horas.

■ **TABERNA DIMITRIS**
Bahía de Ammoudi; ☎ +302286071606
www.dimitris-ammoudi-restaurant.com/
gofish@otenet.gr
Abierto todos los días de mediodía a medianoche. Alrededor de 15 € por persona.
Amarilla e inspirada en la temática pirata, la taberna Dimitris es el último de los cinco establecimientos que hay frente al mar de la bahía de Ammoudi. Tras bajar los quinientos escalones que separan Oia de la bahía, disfrute de una comida típica y relájese escuchando los remolinos de agua justo bajo sus pies. Sirven una gran variedad de pescados a la parrilla, mariscos… La pesca del día se expone en una vitrina en la cocina del restaurante, y usted puede ir y elegir lo que acabará en su plato.

Buenas mesas

■ **AMBROSIA**
☎ +30 22860 71413
www.restaurant-ambrosia.com
table@restaurant-ambrosia.com
Todas las tardes a partir de las 19 h. Desde 40 € por persona. Se recomienda reservar.
Este restaurante, que abrió sus puertas en 1999, está situado al final de la calle peatonal, pasada la plaza, junto a la iglesia principal. Ambrosia significa «comida divina». Se recomienda reservar, ya que la diminuta terraza con vistas a la caldera solo tiene capacidad para veinte personas. Cocina griega de fusión. Pasta, ensaladas, pescado, platos vegetarianos elaborados con productos locales…

■ **CANDOUNI RESTAURANT & BAR**
☎ +30 22860 71616
www.candouni.com
candouni@gmail.com

En un callejón del pueblo, entre la caldera y la estación de autobuses. Siga las pequeñas señales verdes.
De 13 a 24 h. Entre 30 y 40 € por persona, con una botella de vino.
En el jardín de una antigua casa de capitán de 1825, podrá reunirse bajo una buganvilla a la luz de las velas. Es uno de los lugares más románticos del pueblo. El Candouni ofrece una cocina mediterránea basada en productos locales frescos. No se pierda el cordero al horno en pergamino de papel. Ambiente auténtico donde la buena comida y el buen humor se dan la mano.

■ **FEREDINI**
☎ +30 22860 71825
feredini.restaurant
info@feredini.gr
A partir de las 10 h. Cena desde 35 € por persona.
El Feredini es el lugar ideal para cenar en un entorno romántico en la caldera de Santorini y frente al mar Egeo. El restaurante, de dos plantas, combina intimidad y convivencia, y ofrece una cocina semi gastronómica griega creativa y de calidad que seducirá a los amantes de la cocina mediterránea. También podrá disfrutar de una excelente carta de vinos locales. Le recomendamos que reserve con antelación para asegurarse las mejores mesas con vistas, y poder así disfrutar de una velada memorable. También sirven desayunos.

■ **LAOKASTI HOTEL RESTAURANT**
St. George
☎ +30 22860 71 343
www.laokasti-santorini.com
info@laokasti-santorini.com
En la carretera principal, a la entrada del pueblo, a la derecha frente a la iglesia.

Abierto del 10 de marzo al 31 de octubre. Aparcamiento gratuito.

Este restaurante de precios razonables está empezando a hacerse un nombre gracias a sus especialidades griegas. Pruebe las setas como entrante y el *stifado* de ternera o el cordero como plato principal, son deliciosos —¡y si puede volver, lo hará! —. A menudo ofrecen un pequeño postre. Por otro lado, recuerde reservar con antelación, ya que el local empieza a ser víctima de su propio éxito, sobre todo en temporada alta.

■ **ROKA**
Botsari, 6
✆ +30 22860 71896
www.roka.gr
info@roka.gr
De 13 a 23 h. Desde 40 € por persona. Se recomienda reservar.
Siga la guía (las señales) para encontrar este antiguo edificio con contraventanas azules. Tiene un pequeño patio bellamente decorado y lleno de plantas, así como algunas mesas en una sala interior y otras en una magnífica terraza con vistas al mar, ideal para contemplar la puesta de sol sobre la caldera. La comida es buena, elaborada con productos locales pero con un toque de taberna: pasta y *risotto* en particular, pero también muchos platos de carne, pescado y marisco.

■ **SKALA**
✆ +30 22860 71362
skala.restaurant/our-menu
1skalarestaurant@gmail.com
Todos los días de 12 a 23 h. Desde 30 € por persona. Se recomienda reservar.
Este restaurante, también bien situado frente al mar a pesar de estar en el lado opuesto de la calle, tiene mucho encanto. Ofrecen platos auténticos y generosos: sabroso *souvlaki,* cremosa musaka,

pescado fresco y fragantes *mezes.* Todo ello acompañado de vinos locales o de un cóctel mientras se admira la puesta de sol. El trato cálido y el pintoresco entorno hacen del Skala una visita obligada si desea tener una experiencia gastronómica memorable en Santorini. Ideal para una cena romántica o una comida con amigos, con vistas a uno de los paisajes más bellos de la isla.

Lujo

■ **1800**
Calle peatonal
✆ +30 22860 71485
www.oia-1800.com
info@oia-1800.com
Todos los días de mediodía a medianoche. Calcule 50 € por persona.
El restaurante más *chic* de Oia ocupa una antigua casa patricia de fachada rosa. Cenas ambientadas con música clásica para quienes estén dispuestos a pagar el precio. Los dos comedores principales están impregnados del apetitoso aroma de la cocina. También se puede cenar en la azotea.

■ **NAOS**
Nikolaou Nomikou
✆ +30 22860 72413
naosoia.gr
info@naosoia.gr
Todos los días de 18 a 24 h. Platos: desde 29 €. Menú degustación: a partir de 135 €.
Para un poco de extravagancia, el chef Thodoris Kakoulis ofrece cocina griega moderna rebosante de personalidad. Los platos vegetarianos se acompañan de hierbas y flores en diversas formas (crudas, marinadas y cocidas), en una vinagreta con queso *kariki* de Tenos (por ejemplo).

Filete de lubina envuelto en hojas de parra y adornado con calabacines asados, limón seco y una salsa a base de lechuga. También hemos visto ternera con zanahorias y avellanas rociada con jugo de pepino. Aunque los menús degustación son caros, los platos son asequibles.

Salir

■ MARYKAY'S BAR – HASSAPIKO
✆ +30 2286 071244
www.hassapiko.gr
hassapiko@gmail.com
En la calle peatonal.
Todos los días desde las 8 h hasta que se marcha el último cliente.
Es el último bar en cerrar en el pueblo, a veces hasta el amanecer. Abierto en 1991, reúne en su única sala a gente de toda condición en un ambiente de los años 1950. Para que conste, antes era una carnicería, y aún se pueden ver los ganchos de los carniceros. DJs y bandas de jazz se turnan durante todo el verano. Y si le entra hambre a medianoche, aquí podrá comerse un bocadillo. Un local agradable para salir de fiesta.

■ MÉTÉOR
Al final de la calle peatonal, a la izquierda.
Todos los días de 8 a 24 h.
La sala es diminuta (dos mesas) y la terraza no da al mar, pero es sin duda el bar más agradable de la isla. Regentado por Costas, un actor de Atenas, el local está decorado con antigüedades y objetos de diseño que se pueden comprar. El vino, los cócteles y las pizzas caseras son excelentes. Situado en una de las callejuelas de Oia, de camino a la ciudadela, le encantará su pequeña terraza a la sombra. El servicio es rápido y amable. También ofrecen cócteles y bocadillos de pan de pita.

Qué ver – Qué hacer

■ IGLESIA DE PANAGIA PLATSANI
Plateia Panagia Akathisto
En la plaza principal de Oia.
Acceso gratuito por la mañana y por la noche en verano.
Esta iglesia (Ιερός Ναός της Παναγίας της Πλατσανής/Ieros Naos tis Panagias tis Platsani) es la más grande de Oia. Situada en la plaza principal e imperdible, fue construida en 1965 y toma el nombre y algunos elementos de la antigua iglesia parroquial (del siglo XV o XVI), destruida por el terremoto de 1956, que se encontraba en el castillo de Agios Nikolaos. Cuenta la leyenda que la iglesia obtuvo su nombre, «Platsani», de un icono de la Virgen María encontrado en el mar que emitía el sonido «plats, plats» al chocar contra las rocas. Al igual que la iglesia antigua, la actual está dedicada al Himno Acatisto: una oración ortodoxa que se canta «sin estar sentado» (*akathistos*) en honor de la Madre de Dios. En el exterior, los muros blancos están dominados por una cúpula de tambor azul y cuatro pequeñas cúpulas, mientras que a la izquierda de la fachada se alza un campanario con seis campanas. El interior está decorado con frescos modernos. Sin embargo, de la antigua iglesia quedan el rico iconostasio de madera dorada de 1820 e iconos y exvotos de los marineros de Oia que navegaron hasta el mar Negro en el siglo XIX para vender vino de Santorini en Rusia.
La plaza es agradable. Ofrece hermosas vistas del pueblo y de la caldera. Las agencias especializadas en bodas y lunas de miel en Santorini suelen utilizarla para sesiones fotográficas. En la pequeña iglesia de al lado, Agios Onoufrios, se celebran ceremonias para parejas extranjeras.

■ **CASTILLO DE AGIOS NIKOLAOS**
Kasteli Agiou Nikolaou
450 m al suroeste de la plaza principal.
Acceso libre.
Este castillo (Καστέλι Αγίου Νικολάου/Kasteli Agiou Nikolaou) está en ruinas, pero es el lugar más popular de Santorini para contemplar las puestas de sol por su perfecta orientación hacia el suroeste. También conocida como la ciudadela de Apano Meria («parte alta», antiguo nombre de Oia), fue construida por los venecianos en el siglo XV. Mencionada por primera vez en 1480, formaba parte de una vasta red de *kastelia* repartidas por las islas del ducado de Naxos para protegerse de los piratas. Toma su nombre de una iglesia troglodita fundada hacia 1450 y dedicada a san Nicolás. Situada en un saliente de unos setenta metros de longitud, albergaba también las iglesias de Panagia Platsani y Agios Georgios. Casi todo quedó destruido tras el violento terremoto de 1956, cuyo epicentro se situó en Amorgos. Lo que queda son secciones de las fortificaciones de piedra volcánica, los muros de la iglesia de Agios Georgios y parte de la torre de vigilancia: la *goula* (término derivado del turco *kule* que significa «torre»).
Es alrededor de la *goula* y de la nueva capilla de Agios Nikolaos donde los turistas se agolpan para contemplar cómo el horizonte se traga los últimos rayos del sol, con la isla de Thirassia al oeste y las casas blancas y los molinos del lugar tornándose de un hermoso tono anaranjado. En verano, la afluencia es tan densa que hay que llegar con mucha antelación para conseguir un sitio entre las ruinas o en los bares panorámicos. También se puede bajar por las escaleras hasta el pequeño puerto de Amoudi. Pero mirar hacia el oeste no es lo mismo.

■ **CASTILLO DE LAS CÚPULAS AZULES**
Nik. Nomikou, 11
Para las vistas: en la calle principal Nomikou, gire hacia el sur por la callejuela situada frente al hotel Museum.
Seguro que ya conoce estas dos magníficas iglesias blancas con cúpulas azules (Μπλέ Τρούλοι/Ble Trouli): aparecen en los envases de multitud de productos griegos que se venden los supermercados de toda Europa...
Construidas en el siglo XIX, estas dos iglesias, situadas muy cerca la una de la otra, son las más emblemáticas de Santorini... ¡y de toda Grecia! No solo son hermosas, sino que sobre todo están idealmente situadas sobre la caldera, formando un magnífico conjunto con

Arquitectura tradicional en Oia.

© YIANNIS PAPADIMITRIOU · SHUTTERSTOCK.COM

Paisaje típico de Oia.

sus muros blancos, cada una con una cúpula azul, un campanario cuya cúspide también está pintada de azul y el azul del cielo y el mar de fondo.

La del campanario azul es la iglesia de Agios Spyridon (1867). Y un poco más arriba, a unos 150 m sobre las olas, se alza la iglesia de Anastaseos tou Kyriou (1865). Dedicada a la Resurrección del Señor, tiene un pequeño campanario de color rosa pálido. El mejor lugar para verlas y fotografiarlas juntas es desde lo alto de las escaleras, cerca del hotel Bubble Suite. Pero aquí suele haber mucha gente al atardecer en verano. También puede probar otro mirador un poco más al este, junto a la iglesia de Agios Ioannis o Prodromos, apodada la «iglesia de las tres cúpulas», con sus tres naves abovedadas contiguas, dos de las cuales están rematadas por campanarios de pared.

■ MUSEO MARÍTIMO DE SANTORINI

Karavokyridon
✆ +30 22860 71156
Acceso por la callejuela al norte del restaurante Thalassia.

Abierto todos los días de 10 a 18 h. Cerrado de noviembre a marzo. Entrada: 5 €.
Renovado en 2023, este museo (Ναυτικό Μουσείο Θήρας/Naftiko Mousio Thiras) ocupa una hermosa villa neoclásica. Recorre la historia de los marineros y armadores de la isla, sobre todo en el siglo XIX, cuando sus veleros transportaban tierra volcánica de Akrotiri a los astilleros del canal de Suez y los vinos de Santorini a Rusia. Mascarones de proa, cartas náuticas otomanas, periscopios de la Segunda Guerra Mundial, documentales...

■ MUSEO NAVAL

✆ +30 22860 71156
En la parte norte de Oia, con respecto a la carretera principal.
Abierto todos los días, excepto los martes, de 10 a 14 y de 17 a 20 h. Entrada: 2 €.
Este pequeño museo marítimo reconstruye la historia naval de Santorini, ya se trate de simples marineros o de los grandes armadores que moldearon la vida local. Verá cartas de navegación y grabados marinos.

Deportes – Relax – Ocio

■ ATLANTIS OIA
☎ +30 22860 71158
atlantisoia.com
info@atlantisoia.com
Clases de buceo y otras actividades como esnórquel o escuela náutica. Paquetes para principiantes desde 130 €.
Probablemente uno de los centros de este tipo más conocidos de Santorini. Apostolos, su fundador, tiene más de veinte años de experiencia en la isla y fue el primer instructor de Cousteau Divers en Grecia. Explore el impresionante paisaje submarino que rodea la caldera de Santorini y busque los restos de la ciudad perdida de la Atlántida, como muchos exploradores, aventureros y científicos han hecho antes que usted. El centro, muy activo en la conservación del medio ambiente, lucha por crear una zona marina protegida alrededor de la caldera. 🌿

Compras

■ FINCA SIGALAS
Baxes
☎ +30 2286 071644
www.sigalaswinetasting.com
info@sigalas-wine.com
De junio a agosto: laborables de 10 a 21.30 h y fines de semana de 11 a 21.30 h. En mayo y septiembre: laborables de 10 a 20.30 h y fines de semana de 11 a 20.30 h. En abril, octubre y noviembre: de lunes a viernes de 10 a 21.30 h y fines de semana de 11 a 21.30 h.
Es una tienda encantadora donde se puede encontrar un poco de todo, pero sobre todo vinos de Santorini y productos regionales (tomates secos, alcaparras…).

BAXEDES

A solo cinco kilómetros de Oia, en el extremo noroccidental de la isla, Baxedes cuenta con una impresionante playa de arena negra que debe conocer.

■ ALMYRA APPARTEMENTS & STUDIOS
☎ +30 22860 71596
www.almyra-studios.gr
info@almyra-studios.gr
En los alrededores de Oia. Acceso en autobús desde la estación central de Fira.
Estudio a partir de 60 € fuera de temporada, aumentando según el período y la categoría.
Una idea realmente buena, económica y a las afueras de Oia. Dispone de cinco estudios y dos apartamentos notablemente limpios. Los estudios tienen como mínimo una cocina equipada y un pequeño sofá. Televisión y wifi… En primera línea de playa. Encanto y tranquilidad garantizados. ¡Super!

■ FINCA SIGALAS
Llanuras de Oia; ☎ +30 22860 71644
www.sigalas-wine.com
Viniendo desde Fira, antes de entrar en Oia, a la derecha verá el letrero de «Wine Roads».
En verano, todos los días de 10 a 21.30 h; los sábados y los domingos a partir de las 11 h.
Tome la serpenteante carretera que desciende hacia Foinikia durante dos o tres kilómetros antes de llegar a esta finca creada por la familia Sigalas en 1991. Aquí es donde se producen los mundialmente famosos vinos Sigalas, en veinticuatro hectáreas de viñedos y con el mayor respeto por la tradición. Cena hasta las 21 h.

© CUNFEK – ISTOCKPHOTO.COM

VISITA

Playa de Baxedes.

KARTERÁDOS

A dos kilómetros al sur de Fira. Karterádos es un pequeño pueblo tranquilo y agradable, sin encanto pero que constituye una buena solución para alojarse porque las tarifas son más atractivas. Pero cuidado: en temporada alta los operadores turísticos llenan la mayoría de los hoteles.

Dormir

Bueno y barato

■ **ALBATROS**
✆ +30 22860 23435
www.albatroshotel-santorini.com
info@albatroshotel-santorini.com
Habitación doble estándar desde 95 €, desayuno incluido.
Se trata de un bonito hotel con 38 habitaciones modernas, bien equipadas y bastante espaciosas. El desayuno casero es decente y el personal es muy amable y servicial. Entre las ventajas, hay una piscina y se puede ir andando al centro.

Desde aquí, las atracciones turísticas, los autobuses y el puerto nunca quedan lejos… Es cierto que a veces hay grupos pero, en general, si tenemos en cuenta todas las posibilidades que ofrece el hotel y su ubicación, nos alegraremos de haberlo encontrado.

■ **ANNA PENSION**
✆ +30 22860 22545
www.annapension.gr
annapens@otenet.gr
Habitación entre 24 y 60 € por noche.
Las habitaciones de este hotel son sencillas, pero están limpias y tienen todo lo necesario para una estancia confortable. También hay unas preciosas vistas al mar y, en el exterior, una piscina abierta hasta las 22 horas. El mobiliario no es precisamente moderno, pero el establecimiento está bien situado y tiene un precio razonable. Está cerca de las tiendas, a tan solo 20 minutos a pie de Fira, y el autobús que da servicio a toda la isla para muy cerca. El único inconveniente es que puede ser ruidoso, ya que suele estar frecuentado por jóvenes de vacaciones.

■ EMMANOUELA STUDIOS

✆ +30 22860 22722
www.emmanouelastudios-santorini.com
info@emmanouelastudios-santorini.com
*Estudio: entre 25 y 95 € por noche,
según el periodo y la categoría. Traslado
al aeropuerto bajo petición: 15 €.*
Económico y a un kilómetro de Fira. Aquí
hay once estudios, seis de los cuales
tienen cocina completa y capacidad para
tres personas. El propietario también
organiza el alquiler de escúteres y
coches. Para la piscina, tendrá que
ir a Stavros Villas, el hotel vecino
regentado por la misma persona. Está
a quinientos metros, pero es gratuita
para los huéspedes.

■ NIKOLAS HOTEL

En el centro de la población.
✆ +30 22860 23912
www.nikolas-hotel.com
info@nikolas-hotel.com
*Habitación a partir de 50 €; los precios
aumentan según el periodo y la categoría.
Desayuno incluido.*

El edificio de este hotel es fácilmente
reconocible gracias a sus ricos y
vibrantes colores. Cuenta con una
piscina de tamaño medio y habitaciones
sin pretensiones con terrazas comunes.
Nos encontramos en un edificio antiguo
renovado, con un ambiente relajado y
relativamente tranquilo. El trato es muy
profesional. Una buena opción por sus
precios competitivos.

■ STAVROS VILLA

✆ +30 22860 22722
www.stavrosvillas.net
info@stavrosvillas.net
*Habitación doble a partir de 70 € en
verano. Posibilidad de desayuno.*
Un hotel azul y blanco, completamente
renovado, con catorce habitaciones
limpias y bien equipadas. Para ser habitaciones económicas, no están nada
mal, aunque son pequeñas. Hay una
pequeña piscina exterior encantadora.
Se aprecian especialmente las vistas
al mar y al campo, y el relativo aislamiento del hotel, alejado de Karterádos.

© ANA JOVETIC-VUCKOVIC

Iglesia de Karterádos.

Una ubicación que es a la vez práctica y agradable. El personal también es muy agradable.

■ VILLA MANOS

✆ +30 22860 22882
www.villamanos.gr
poppyk@otenet.gr
50 metros por debajo de la carretera principal.
28 habitaciones. Habitación doble a partir de 80 € en temporada alta, sin desayuno.
Habitaciones y estudios con balcón, vistas ininterrumpidas de la campiña circundante y mención especial para la gran piscina y el jacuzzi. El bar exterior es animado, con un ambiente joven y festivo. Confort sencillo y buena relación calidad-precio.

Comer

■ TAVERNA KYRIA NIKI

✆ +30 22860 25146
https://kyraniki-restaurant.com
info@kyraniki-restaurant.com
A la entrada de Karterádos, viniendo desde Fira hacia Mesaria, tome la carretera principal a su izquierda.
Todos los días de 12 a 22 h. A partir de 20 € por persona.
Niki, natural de la zona, prepara con pasión platos tradicionales en una cocina abierta al público. En esta taberna acogedora, puede elegir una o varias de sus sugerencias diarias entre los platos expuestos. El local es uno de los favoritos de los lugareños. El personal es muy amable y atento. En cuanto a la comida, se elige el plato de la vitrina. Es cocina de mercado, del día y típica (croquetas de tomate, musaka, albóndigas en salsa). Muy bueno, y muy abundante. ¡Y sin una factura elevada!

MESARIA

Situado a cuatro kilómetros al sur de Fira, en la carretera de Perissa, este pueblo queda un poco apartado de las rutas turísticas. Pero al estar alejado de la capital, los precios también bajan un poco. Animado y acogedor, parte del pueblo está construido sobre la caldera, con vistas al volcán y al mar Egeo. Además, está rodeado de viñedos y olivares, lo que engrandece su belleza. De hecho, hay algunas casas neoclásicas rodeadas de viñedos y jardines, una de las cuales merece una visita. En el siglo XIX, la localidad era el centro industrial de la isla y estaba salpicada de casas trogloditas y mansiones. Un magnífico paseo conduce a Vothonas, donde se alzan dos iglesias trogloditas.

Dormir

■ KALMA

✆ +30 22860 31967
www.hotelkalma.gr
kalmahtl@otenet.gr
A partir de 80 € por noche en verano, desayuno incluido.
A la entrada del pueblo, viniendo de Karterádos, se encuentra este pequeño hotel de 37 habitaciones (dos edificios) regentado por Loukas Velonias. Todas las habitaciones tienen balcón, algunas dan al mar, otras al valle y el resto a la piscina. Varían en tamaño, pero todas son cómodas y están limpias y bien equipadas. La piscina es bonita y práctica, con dos *jacuzzis* y un bar que abre a última hora de la tarde. Los propietarios saben cómo hacerle sentir bienvenido y crear un ambiente familiar y agradable.

VISITA

VILLA DANEZIS

✆ +30 22860 33071
www.villadanezis.gr
info@villadanezis.gr
Habitación doble desde 60 euros en verano.
Las habitaciones de este hotel tienen capacidad para entre una y cuatro personas, son muy cómodas y están bien equipadas. Todas disponen de balcón privado, televisión, nevera y baño privado. Esta agradable villa ofrece una excelente relación calidad-precio a pocos kilómetros de Fira. Las habitaciones, cómodas y elegantes, tienen balcones con vistas a la llanura y al mar a lo lejos. Ideal para familias o para aquellos que buscan tranquilidad y un poco de espacio cerca de las atracciones de la isla. Piscina, *pool* bar y jardín.

Comer

TAVERNE KRITIKOS

✆ +30 228 603 2300
De 12 a 23 h. Cerrado los lunes. A partir de 15 € por persona.
Restaurante típico en el que ofrecen raciones enormes para grandes comilones y un servicio impecable. Una taberna alejada del pueblo. Se come (muy) bien por poco dinero, y los amantes de la carne estarán de enhorabuena. No hay ninguna estrategia comercial o turística detrás de estas raciones XL, solo un verdadero deseo en la cocina de satisfacer grandes apetitos, y de hacerlo bien. No se puede decir que se haya puesto mucho empeño en la decoración (aunque el interior tiene el encanto de lo auténtico), pero el servicio es educado, eficiente y sonriente.

VOTHONAKI

Vothonas
✆ +30 6932 540 164
A doce minutos a pie de Mesaria.

Cerrado los miércoles. A partir de 20 € por persona.
Este *concept store* es obra de un dúo argento-griego. Ubicado en un edificio con 250 años de antigüedad, en el tradicional pueblo de Vothonas, el local tiene todo el ambiente de un típico *kafeneio*, con jugadores de *tavli* y clientes habituales tomando unas cervezas y *meze*. El menú incluye tartas caseras y el clásico *gemista* (tomates rellenos). Hay una buena selección de cócteles a base de *ouzo* o *tsipouro*. En la pequeña tienda del restaurante venden cerámica y joyas de artistas griegos, así como vino de Santorini... y de Argentina.

Qué ver – Qué hacer

ARCHONTIKO ARGYROU

✆ +30 22860 31669
http://argyrosmansion.com
argyrosmansion@gmail.com
En verano, abierto todos los días, excepto los martes y los jueves, de 10 a 18 h. Visitas guiadas disponibles en inglés o griego.
Se trata de un lugar magnífico cargado de historia. Este edificio neoclásico, construido en 1888 y sacudido por el terremoto de 1956, fue restaurado en 1987 gracias a Melina Mercouri, entonces ministra de Cultura. Hoy es un pequeño museo que evoca la riqueza de Santorini y sus grandes familias de armadores de finales del siglo XIX. Es una visita muy agradable, entre el esplendor de antaño y la tranquilidad de un jardín arbolado.

MUSEO DEL VINO DE SANTORINI

Camino de la playa de Kamari.
✆ +30 22860 31322
www.volcanwines.gr
info@volcanwines.gr

Todos los días de 9 a 19 h en temporada, y fuera de temporada hasta las 17 h. Entrada: 9,50 € por persona (incluye visita y degustación).

La familia Koutsoyannopoulos lleva cuatro generaciones produciendo vino (Volcan Wine) en Santorini. Este fue el primer museo del vino en Grecia. Abierto todo el año, se puede degustar y comprar vino en las instalaciones a un precio más bajo que en las tiendas. Está situado a seis metros bajo tierra y la visita dura veinticinco minutos. Maniquíes vestidos de época recrean la vida de los toneleros de la isla. Podrá imaginar cómo se prensaba la uva en tiempos remotos, cómo se fabricaban los cestos y verá las herramientas que se utilizaban a partir de 1880, así como las máquinas manuales de trituración fabricadas por los artesanos.

PYRGOS KALLISTIS ⭐

Construidas en forma de anfiteatro sobre una montaña, a seis kilómetros al sur de Fira, las casas de Pyrgos Kallistis rodean la fortaleza medieval de Kasteli. Durante la ocupación veneciana de la isla, esta se convirtió en la principal ciudad de Santorini. Las callejuelas sombreadas de este pueblo con numerosos campanarios conducen a la cima de una pequeña colina desde la que se domina toda la isla. ¡Vistas panorámicas garantizadas! La iglesia de Theotokaki, del siglo X, alberga valiosos iconos.

En el pequeño café Kasteli, en lo alto del pueblo, sirven refrescos. A pocos kilómetros, en la cima de la montaña, tras más de ochenta años cerrado, el monasterio de Profitis Illias es en sí mismo un incentivo para venir hasta aquí, y puede visitarse.

© ANTONIO GRAVANTE – ADOBE STOCK

Iglesia de Pyrgos Kallistis.

VISITA

Dormir

■ ORIZONTES
☎ +30 22860 27045
www.smyhotels.com
info@santorinihotelorizontes.com
Habitación doble desde 100 € en temporada, desayuno incluido.

Este hotel ofrece 26 habitaciones y suites. Las elegantes habitaciones gozan de sensacionales vistas al mar. Cuenta con televisión por cable y satélite y acceso a Internet; además de balcón y piscina de 350 metros cuadrados, con piscina infantil. También dispone de dos bañeras de hidromasaje, un gimnasio y un estudio de masajes. Precioso, caro, pero con grandes descuentos en Internet. Magníficas vistas al mar desde su habitación, algunas con piscina privada, además de la piscina principal. El personal es atento y el trato cálido.

Comer

Bueno y barato

■ KALLISTI TAVERNA
℃ +30 22860 34108
En la plaza principal del pueblo.
Abierta todo el año. Calcule 15 € por persona.
Kallisti es el primer nombre de Pyrgos. No puede perderse este restaurante, famoso por sus carnes y berenjenas a la parrilla. No vendrá aquí por las vistas, sino por lo que hay en el plato: ensalada Kallisti para los vegetarianos o para un refrescante descanso, o cerdo relleno a la parrilla para carnívoros y para grandes apetitos. Todo ello en una encantadora terraza a la sombra de los olivos.

■ MYTHOS
℃ +30 22860 32444
www.mythostaverna.gr
mythostavernasantorini@gmail.com
El primer restaurante a la entrada del pueblo de Pyrgos, a la derecha.
Abierta todo el año de 12 a 1 h. A partir de 20 € por persona.
Esta taberna tradicional ocupa la planta baja de la casa de una familia griega muy simpática. Aquí se puede comer y cenar todos los días y durante todo el año.
Sirven platos del día económicos, *fava* casera, salchichas de Santorini, parrilladas a la leña, cordero, pasta, marisco, vinos locales embotellados y un vino de la casa muy bueno en jarra. Entrega en cualquier lugar de la isla. Bonita terraza en la calle y magníficas vistas panorámicas desde el interior. Acogedora chimenea en invierno.

Buenas mesas

■ AROMA AVLIS – FOOD & WINE
℃ +30 2286 033395
www.artemiskaramolegos-winery.com
Todos los días de 13 a 24 h. Entre 20 y 25 € por persona.
Situado en un bonito patio, el ambiente está cargado de algo particular: es el lugar perfecto para una velada romántica o una ocasión especial que celebrar. El restaurante combina una cocina refinada con una selección de los mejores vinos de la isla. Aroma Avlis es una bodega galardonada. También puede simplemente degustar los excelentes vinos. Servicio serio y entusiasta.

■ PYRGOS
℃ +30 22860 31346
www.pyrgos-santorini.com
info@pyrgos-santorini.com
A la izquierda en dirección a Pyrgos.
Todos los días de 11 a 24 h. A partir de 20 € por persona.
A la entrada del pueblo, a la izquierda, no tiene pérdida, con su gran aparcamiento y su molino de viento. Abierto todos los días del año desde hace más de veinte años, en este restaurante sirven buena cocina griega y un excelente pescado fresco. Las vistas hacia la ciudad de Fira, la caldera y el mar a ambos lados son fantásticas, de día y de noche. No se pierda el viejo molino, con sus piedras originales, para una cena romántica.

■ ROSEMARY
℃ +30 2286 031262
www.rosemarysantorini.gr
info@rosemarysantorini.gr
Junto a la iglesia de Agios Nikolaos Theotokaki.
Todos los días de 15 a 23 h. A partir de 20 € por persona.

VISITA

Después de pasear por el pueblo, merece la pena subir al magnífico restaurante que hay en lo alto de Pyrgos, con unas vistas espléndidas. Es *chic*, elegante, pero sin pretensiones. La cocina es sencilla: especialidades de Santorini como la *fava* y la deliciosa ensalada Santorini. Para acompañar los platos ofrecen buenos vinos de bodegas locales. El personal es muy profesional y amable. Aquí hay dos terrazas, una de ellas con unas vistas extraordinarias.

Qué ver – Qué hacer

■ **MONASTERIO PROFITIS ILLIAS**
Moni Profiti Ilia
☎ +30 22860 31210
4,3 km al sureste de Pyrgos Kallistis. *Todos los días, excepto los domingos, desde las 9 h hasta la puesta de sol.* Este monasterio masculino (Ιερά Μόνη Προφήτη Ηλία Θήρας/Iera Moni Profitis Ilia Thiras) ocupa el punto más alto de la isla, a 567 metros sobre el nivel del mar, junto a una base militar. Dedicado al profeta Elías, fue fundado en 1711 por dos monjes de Pyrgos Kallistis. Reconstruido tras el terremoto de 1956, el complejo alberga cuatro iglesias y capillas, así como un pequeño museo y una tienda donde venden el vino y los tomates secos que elaboran y cultivan los monjes. ¡Unas vistas impresionantes!

Compras

■ **HATZIDAKIS WINERY**
Kallisti; ☎ +30 698 110 7180
www.hatzidakiswines.gr
hatzidakishospitality@gmail.com
2,1 km al suroeste de Pyrgos Kallistis. *Todo el año de martes a sábado. En verano, de 11.30 a 18.30 h, y en invierno* *de 10.30 a 15.30 h. Degustación de cinco vinos: 35 €.*
Esta finca, situada entre viñedos, es un buen ejemplo de la arquitectura de Santorini, ya que el edificio está excavado en la roca volcánica, lo que confiere a la bodega un frescor natural. Aquí podrá sentarse a degustar los diferentes vinos de la finca, elaborados con las famosas variedades de uva de la isla: aidani, assyrtiko, mavrotragano y mandilaria. Todos los vinos están certificados sin aditivos químicos, y la finca de Hatzidakis es el primer viñedo de Santorini con certificación ecológica.

MEGALOCHORI ★★

Situado a seis kilómetros de Fira, en medio de los viñedos, este típico pueblo medieval agrupa una mezcla de casas neoclásicas y viviendas trogloditas. Muestra una estampa de postal, con sus callejuelas serpenteantes, casas encaladas e iglesias con cúpulas azules. Vaya en busca de su autenticidad paseando por sus bonitas callejuelas llenas de vegetación. Un eucalipto centenario ocupa un lugar destacado en la plaza del pueblo. Megalochori es más animado de lo que parece, y merece la pena visitarlo. En la iglesia de Esodion encontrará una curiosidad: un calendario que contiene 365 miniaturas de santos. También puede visitar la fábrica de vino Boutari, donde se presenta la historia de la isla.

■ **CENTRO CULTURAL SYMPOSION**
☎ +30 22860 85374
www.symposionsantorini.com
info@symposionsantorini.com
Todos los días, excepto los domingos, de 10 a 19 h. Cerrado fuera de temporada. Exposición gratuita.

Este centro cultural (Συμπόσιον Πολιτιστικό Κέντρο/Symposion Politistiko Kentro) ocupa una antigua bodega de principios del siglo XX. Bajo la hermosa bóveda o en el patio se llevan a cabo exposiciones, conciertos, catas de vino… El lugar alberga también un bar de vinos, una tienda y el taller de Yannis Pantazis, músico y fabricante de instrumentos musicales cicládicos: *tsabouna* (gaita), *doubaki* (tambor) y flautas antiguas.

■ EGLI'S POTTERY STUDIO

Epar. Od. Firon-Ormou Perissis
℗ +30 22860 83085
potterystudio.gr; egliceram@yahoo.gr
1 km al suroeste de Megalochori.
Todos los días de 9 a 20 h. Cerrado fuera de temporada.
Este taller de cerámica (Κεραμικά Αίγλη/Keramika Aigli) se encuentra en el cruce de caminos que hay cerca del *museo* Lost Atlantis Experience. Lo regenta Egli Simeonidis, un ateniense que fabrica magníficos objetos contemporáneos de gres y loza con técnicas antiguas: platos, jarrones, candelabros, objetos decorativos (ánforas, peces, mariposas, árboles…) y abstractos. Las piezas más pequeñas están disponibles a precios atractivos, y las más grandes se pueden enviar a domicilio. Fuera de temporada, Egli imparte cursos en Atenas.

■ MOUSIKO KOUTI

℗ +30 22860 85282
Todos los días de 12 a 16 y de 18 a 23 h. Calcule 20 € por persona.
El ambiente que crean el entorno y la decoración de este restaurante merece la pena por sí solo, sobre todo porque por las noches suelen tocar música tradicional para amenizar las veladas. En la terraza, llena de flores, o en el comedor abovedado, podrá degustar deliciosos platos locales a precios razonables. También ofrecen una amplia gama de cocina vegetariana. Cada plato se prepara con ingredientes cuidadosamente seleccionados y, por lo general, ecológicos. Durante mucho tiempo este restaurante fue conocido como Sporos.

■ VILLA DOLPHIN

En la caldera.
℗ +30 22860 81777
www.calderasdolphin.com
info@calderasdolphin.com
Habitación doble desde 170 € en temporada baja, desayuno incluido. Opción de media pensión.
Otro establecimiento de lujo en Santorini… ¿Qué más se puede decir? Las vistas son magníficas, el hotel solo tiene un puñado de habitaciones, la piscina se abre al horizonte infinito y a la caldera, los servicios son de alta gama y los precios, una locura. La playa está a tres kilómetros. Vistas espectaculares, relax y confort garantizados. Idealmente situado en el pueblo de Megalochori, junto al viñedo de Boutari y a solo seis kilómetros de Fira. ¡Esto tiene un precio! Pero conviene saber: los precios pueden reducirse un 25 % si se reserva con mucha antelación en Internet.

EMBORIO ★★

Emplazado a tan solo diez kilómetros de Fira, de camino a la costa este, este pintoresco pueblo domina ambos lados de Santorini. Sus estrechísimas calles datan de la Edad Media y forman un laberinto en el que es agradable perderse. Le encantará la singular belleza de la arquitectura de las casas, iglesias y otros

EXCURSIONES A PIE

Para llegar al yacimiento arqueológico de Akrotiri desde Emporio, lo mejor es caminar, lo que evita el peligro y el tráfico: hay un pequeño sendero hasta Akrotiri. Para visitar el faro se puede ir en coche, pero también en barco hasta la playa Negra y, desde allí, tomar el antiguo sendero que conduce al faro, para dar así un agradable paseo. Para regresar se puede hacer un bucle y tomar la ruta clásica.

VISITA

edificios, que en general están muy bien conservados. A lo lejos se divisan varios molinos de viento, símbolo del antiguo prestigio de Emborio: el nombre del pueblo significa «comercio», y recuerda los tiempos en que era un importante puesto comercial en la isla. De la época de los piratas y los otomanos se conserva una torre cuadrada (una *goulas)* en la parte norte del pueblo: se utilizaba como refugio en caso de invasión.

■ 9 MUSES

✆ +30 22860 81781
www.santorini9muses.gr
info@santorini9muses.gr
En Perivolos, a 3 km de Emporio.
Habitación doble: de 180 a 300 € en temporada, desayuno incluido.
El hotel más bonito de la zona está en Perivolos, al fondo del pueblo, en un lateral. Y es encantador. En la antigua Grecia, las nueve musas inspiraban la literatura y las artes. Aquí, este impresionante complejo de lujo capta ese espíritu con nueve lujosos edificios, decorados con muebles antiguos y tradicionales de las Cícladas y rodeados de coloridos jardines con flores. Dúplex perfectamente amueblados y equipados, y con magníficas vistas. Dos piscinas, una para niños, y gimnasio. Ideal para familias que desean relajarse.

■ BAKALIARAKIA

En el centro del pueblo.
✆ +30 69485 07788
De 12 a 23 h. Calcule 20 € por persona.
En una antigua oficina de la capitanía del puerto de Emporio descubrimos esta acogedora taberna tradicional, que más bien podría describirse como un bistró (*tsipouradiko* en griego). Como era de esperar al estar junto al mar, el pescado ocupa aquí un lugar de honor. Es absolutamente delicioso, sobre todo cuando lo sirven frío con salsa de ajo. Pero también se puede disfrutar de excelentes barbacoas y de auténtica cocina griega. Kiriakos, el chef, está bien establecido aquí. También es el chef del famoso restaurante Naoussa, en Fira, y sabe lo que hace.

■ TO KAFENEDAKI TOU EMPORIOU

✆ +30 69778 63307
De 10 a 22 h.
Una pequeña y coqueta terraza bajo un patio que se desborda hasta la calle en los días concurridos. El dueño no para de charlar mientras va de mesa en mesa. Cuando le contaron que Jean-Paul Sartre y Simone de Beauvoir habían veraneado aquí, ¡se quedó encantado! En su café, refrésquese con una limonada casera tras un paseo por el laberinto de callejuelas de Emporio, y pruebe —si le

Calle de Emborio.

apetece o tiene curiosidad— yogures, helados y *baklavas* tradicionales.

AKROTIRI ⭐⭐⭐

Este pequeño y acogedor pueblo situado a doce kilómetros al suroeste de Fira es uno de los lugares imprescindibles de Santorini. El yacimiento de Akrotiri es la única prueba de la presencia de la antigua población minoica en la isla. La población quedó destruida en gran parte por una erupción volcánica y cubierta por una gruesa capa de ceniza hacia el año 1500 a. C. Akrotiri también es famoso por su playa de arena roja (*Red Beach*). Para que conste, la palabra griega «Akrotiri» significa «cabo», precisamente porque el pueblo es el último de la caldera hacia el sur. Esta localidad es la única, junto con Oia, que dispone de agua potable. Sus habitantes reciben el apodo de «las alcaparras», porque es aquí donde más crecen.

Dormir

Bueno y barato

■ **CARLOS PENSION**
✆ +30 22860 81370
www.carlospension.com
info@carlospension.com
Gire a la derecha a la entrada del pueblo. A 50 m de la parada del autobús.
Catorce habitaciones. Habitación doble: desde 60 € en temporada baja y 70 € en temporada alta; desayuno: 6 €.
Un lugar cálido y típico de la isla, alejado de las multitudes. Situada en Akrotiri, se trata de una pensión familiar muy acogedora con una excelente reputación. No en vano, el trato es tan cálido y amable que algunos huéspedes llevan veinte años volviendo. Eva deleitará su paladar con deliciosas recetas tradicionales. Cene aquí siempre que pueda, es local y barato. También puede encargar un plato especial por adelantado, comprar productos caseros o incluso solicitar un curso de cocina.

Confort o encanto

■ **AKROTIRI**
✆ +30 22860 81375
www.hotelakrotiri.gr
hotelakrotiri@yahoo.com
Habitación doble: de 60 a 120 € en verano, desayuno incluido.
Estos diecisiete pequeños bungalós al borde del agua están situados junto al yacimiento arqueológico de Akrotiri. Una buena elección para los que buscan paz y tranquilidad por las noches. Acceso a Internet y televisión

por satélite. Un muy buena opción si no quiere gastar demasiado.

■ CALDERA ROMANTICA

✆ +30 22860 81481
www.calderaromantica.gr
info@calderaromantica.gr
Habitación doble: entre 80 y 180 €, desayuno incluido.
Una oferta atractiva, sobre todo al principio o al final de la temporada, gracias a sus precios asequibles. Dispone de una veintena de habitaciones bien equipadas y convenientemente situadas; además de una pequeña y agradable piscina. Ofrecen toda una serie de actividades, como excursiones y clases de cocina.

■ GOULIEMOS

✆ +30 22860 81383
www.hotel-goulielmos.gr
info@hotel-goulielmos.gr
Habitación doble desde 115 € en verano, desayuno incluido.
Pequeño hotel familiar con menos de treinta habitaciones, recientemente renovadas. Sencillas y confortables, gozan de una ubicación ideal, con vistas a la caldera. Cada habitación tiene un balcón con vistas al jardín o al mar. Ni que decir tiene que si puede permitirse esta última, no lo dude.

■ PARADISE RESORT

✆ +30 22860 81352
www.hotelparadise.gr
contact@hotelparadise.gr
Habitación doble desde 100 € en temporada alta, desayuno incluido. Traslados bajo petición.
Este hotel, a seiscientos metros de la playa, tiene mucho encanto y es muy tranquilo. Con su arquitectura local pero moderna, ofrece un ambiente familiar, ya que solo tiene 35 habitaciones distri-

buidas en dos plantas. Su piscina es una de las más grandes de la isla.

■ MATHIOS VILLAGE

✆ +30 22860 81152
www.mathiosvillage.gr
vmathios@otenet.gr
Habitación doble desde 110 € en verano.
Confort garantizado. Dos piscinas, una de ellas con jacuzzi, gimnasio y excelente restaurante. Las habitaciones estándar tienen como mínimo televisión y balcón privado. Interesante: las tarifas de la media pensión son muy razonables.

Comer

■ ALALI

Caldera; ✆ +30 22860 83388
www.alalirestaurant.com/en
reservations@alalirestaurant.com
De abril a finales de octubre. De 13 a 17 h para el almuerzo y de 19 a 23 h para la cena. A partir de 60 €; menú degustación: unos 150 €.
¿Busca la mejor vista de la caldera? Hay competencia, pero probablemente la encontrará en Alali. Este restaurante gastronómico goza de una vista absolutamente impresionante del cráter, pero también de los acantilados circundantes, con los pueblos relucientes de blanco como picos nevados. Y el menú degustación de nueve platos es increíble: ostras con emulsión de hierbas y kiwi, magret de pato al romero, bacalao confitado a la egipcia… Una velada inolvidable.

■ GIORGAROS FISH TAVERN

✆ +30 22860 83035
https://giorgarostavern.gr/
Farosmaria@gmail.com
Todos los días de 12 a 22 h. A partir de 25 € por persona.

Vamos a compartir aquí un muy buen descubrimiento, sobre todo para cuando se tiene mucha hambre. Situada al final de la carretera que lleva al faro de Akrotiri (Faros), esta taberna familiar es perfecta para degustar auténtica cocina griega clásica. Los ingredientes son frescos y el pescado se captura a diario, a diferencia de muchos restaurantes de Fira. Además, el entorno es particularmente agradable, con una gran terraza y unas vistas impresionantes sobre la caldera. Por si fuera poco, los precios son especialmente asequibles.

■ PUNTA CASTELLI TRADITIONAL GREEK KAFENEION

En las ruinas del castillo veneciano.
De 10 a 22 h, y los domingos hasta las 18 h. Calcule 20 € por persona.
Punta Castelli, un *kafeneion* inaugurado en 2023, está situado en uno de los lugares más mágicos de la isla, en el castillo veneciano de Akrotiri. La carta, escrita a mano en un cuaderno, incluye *mezes* muy «made in Santorini», como el queso casero del restaurante, croquetas de tomate con calabacín rallado, cebolla y hierbas, una magnífica *fava* de textura aterciopelada y un delicioso *sfougato*, una típica tortilla al horno con grandes trozos de verduras.

■ THE CAVE OF NIKOLAS

✆ +30 228 608 2303
nikolascave.gr
info@nikolascave.gr
Todos los días de 9 a 24 h. A partir de 30 € por persona.
Una taberna a la orilla del mar, en una vivienda troglodita, lo que añade un encanto incomparable al lugar. La carta incluye una amplia variedad de platos

tradicionales, especialmente copiosos platos de carne, pescado fresco y marisco. Pero los vegetarianos no van a ser menos, ya que muchos *mezes*, elaborados con productos caseros, también forman parte de las opciones. El queso, por ejemplo, procede de sus propias cabras. Además, el restaurante ha ganado un premio a las mejores albóndigas con tomate de la isla, que son una especialidad de Santorini. El precio por esta agradable sorpresa culinaria instalada en un entorno ideal es razonable.

Qué ver – Qué hacer

■ RED BEACH Y OTRAS PLAYAS

Desde la pequeña y bonita iglesia, camine cinco minutos por el camino de la derecha.
Se la conoce en griego como «Kokkini», la famosa playa Roja. A diez minutos a pie desde el aparcamiento descubrirá una impresionante pero estrecha playa de arena volcánica dominada por unos acantilados rojos. El agua es pura y no hay demasiadas olas. Un lugar agradable para bañarse pero un poco agobiante en verano, sobre todo porque hay que pagar por la tumbona. Cerca de allí, la playa de Cambia es famosa por su iglesia y por la fiesta que se celebra en ella la noche del 21 de julio. La playa de Mesa Pigadia, a la que es bastante difícil llegar en coche desde Akrotiri, no siempre está tan limpia como sería deseable. La playa de Gyalos es de acceso más fácil, tranquila y sin sombrillas, y se puede llegar a ella a pie o en coche. En otras tonalidades, también se puede ir en caique hasta Aspri Paralia, o «playa Blanca», donde el agua queda

rodeada por impresionantes acantilados blancos. Mesa Pigadia (también conocida como «playa Negra», con sus guijarros negros) está menos concurrida. La encontrará saliendo en dirección al faro: gire a la izquierda después de unos tres kilómetros y siga una pista. Hay una cueva marina en la roca, por la que se puede caminar. Por último, al este de Akrotiri, Vlichada es la playa más impresionante: arena negra y altos acantilados de formas inverosímiles. Está bastante concurrida pero sigue siendo un lugar estupendo.

■ SANTORINI ART FACTORY

Vlychada
✆ +30 22860 85141
www.tomatomuseum.gr/saf-2
info@tomatomuseum.gr
Todos los días, excepto los lunes, de 10 a 18 h. Entrada: 10 € (gratuita para menores de 12 años).
Ubicada en una antigua fábrica, la primera atracción de la SAF es un museo donde podrá viajar en el tiempo para descubrir el pasado industrial de la isla a través del cultivo del tomate, la especialidad de Santorini. Descubrirá maquinaria antigua y documentación botánica y comercial. SAF es también un espacio cultural que acoge espectáculos y exposiciones durante todo el verano: teatro, música, danza, fotografía y todo tipo de artes, a cargo de artistas griegos. También realizan talleres de artes visuales.

■ YACIMIENTO DE LA CIUDAD PREHISTÓRICA DE AKROTIRI ★★★

✆ +30 22860 25405
efakyk@culture.gr
1,4 km al sureste de Akrotiri.

Todos los días, excepto los martes, de 8 a 20 h, y los jueves de 8.30 a 15.30 h. En invierno, todos los días, excepto los martes, de 8.30 a 15.30 h. Entrada: 12 €.
Situado bajo un gran techo protector, a doscientos metros de la playa de Akrotiri, este yacimiento arqueológico (Προϊστορική Πόλη Ακρωτηρίου) alberga unos restos excepcionales: una ciudad sepultada casi intacta durante la gran erupción del volcán de Santorini hacia 1610 a. C. Llamada «Akrotiri» («el cabo») por los arqueólogos debido a su proximidad al pueblo y al cabo del mismo nombre, fue descubierta por casualidad en 1867, cuando la zona se utilizaba como cantera para la construcción del canal de Suez. Desde entonces, Akrotiri se ha comparado a menudo con Pompeya. Aunque ambos lugares quedaron congelados en el tiempo por una erupción volcánica, el yacimiento griego es mucho más pequeño: se han desenterrado dos hectáreas, frente a las 45 del italiano. Las excavaciones se ven aquí dificultadas por capas de ceniza, puzolana y piedra pómez de hasta cuarenta metros de altura. Pero Akrotiri es mucho más antigua que Pompeya, ya que la erupción de Santorini se produjo unos diecisiete siglos antes que la del Vesubio (en el año 79 d. C.). Aquí estamos ante una ciudad de la cultura cicládica (3200-1050 a. C.), una sociedad de la Edad de Bronce famosa por sus estatuillas de mármol blanco.

▶ **Fuerte influencia minoica.** El yacimiento ha revelado una ocupación que se remonta al 5000 a. C. También hay pruebas de una fuerte influencia cretense, de la civilización minoica, en el último periodo antes de la erupción.

VISITA

Así lo demuestran los objetos y magníficos frescos de estilo minoico de Akrotiri expuestos en el Museo de Prehistoria de Thera y en el Museo Arqueológico Nacional de Atenas. La ciudad debía de tener entre 2000 y 9000 habitantes, que al parecer tuvieron tiempo de marcharse antes de la erupción. Por el momento, únicamente se ha despejado un «barrio», que además solo está parcialmente abierto a los visitantes. Y, aparte de un vídeo en inglés, la información *in situ* es bastante escueta. Pero el recorrido revela la existencia de una docena de villas de dos o tres plantas, bloques de casas de barro y piedra, una calle empedrada, una red de desagües, las camas metálicas de un dormitorio y las tinajas pintadas de un taller. Las viviendas más lujosas, construidas con piedra labrada, recibieron el nombre de «xestè» (del griego antiguo *xeo*, «pulir»). La más grande, Xestè 3, tenía al menos dos niveles con catorce habitaciones, algunas decoradas con murales, y tuberías para abastecer un cuarto de baño en el piso superior. El yacimiento cuenta con aparcamiento, cafetería y tienda en la entrada.

Deportes – Relax – Ocio

■ SANTO HORSE RIDING
☏ +30 697 554 1447
www.santohorseriding.com
info@santohorseriding.com
Desde 20 € por 25 minutos, 60 € por una hora y 90 € por un gran recorrido de dos horas con puesta de sol. También hay visitas privadas.
Una empresa familiar que se preocupa por el bienestar de todos y cada uno de sus animales. Se puede realizar una gran variedad de rutas por toda la isla. Es una forma extraordinaria de conocer una Santorini menos turística y de salirse de los caminos trillados, especialmente en la zona de Akrotiri (incluyendo una visita al yacimiento arqueológico). Es una experiencia maravillosa.

■ SANTORINI SEA KAYAK
Playa de Akrotiri
☏ +30 6951800162
www.santoriniseakayak.com
santoriniseakayak@gmail.com
A 300 m del yacimiento arqueológico. *A partir de 75 € por persona. Traslado disponible por 30 € adicionales. Pícnic incluido.*
El kayak de mar es una forma original y deportiva de explorar la costa volcánica de Santorini. Esta excursión en kayak (para mayores de 14 años) incluye una introducción a este deporte, así como un recorrido guiado por la costa alrededor de Akrotiri y la Red Beach. Hay dos opciones: salir por la mañana y dejarse deslumbrar por las formaciones rocosas y las casas junto a los acantilados, o al final del día para contemplar la puesta de sol. Antes de lanzarse al agua, los principiantes pueden hacer un curso de iniciación al kayak de mar para aprender a remar sin esfuerzo.

MONOLITHOS

Situado a nueve kilómetros de Fira, Monolithos es un pueblo costero no demasiado tranquilo. Su nombre es conocido por ser el emplazamiento del (demasiado) pequeño aeropuerto de Santorini, lo que significa que hay un flujo constante de taxis y autobuses. En general, los viajeros que llegan se dirigen a la capital en taxi. No obstante, el pueblo cuenta con una playa agradable, lo suficientemente apartada como para no estar abarrotada todo el tiempo. La bordean algunos árboles y, por lo general, no es necesario pagar por las tumbonas: ¡una prueba de que el turismo de masas aún no ha llegado allí! Un poco más al norte, por la costa, hay que dirigirse a la playa de Vourvoulos (antes de Paradise Beach).

■ MARIO RESTAURANT
✆ +30 22860 32000
www.santorinirestaurant.gr
info@santorinirestaurant.gr
Todo el año de 12.30 a 23 h. A partir de 30 € por persona.
Abierto en 1982 en la zona de Monolithos, el restaurante Mario se ha hecho famoso en Santorini por su auténtica cocina tradicional griega. Aquí se preparan con amor y respeto las mejores especialidades de toda la región del Egeo, con frescura, productos de proximidad, autenticidad y audacia como consignas. Además, el restaurante puede acoger hasta 450 personas, lo que lo convierte en uno de los mejores lugares de la isla para disfrutar de una cena junto a la playa o para organizar un evento. ¡Ambiente garantizado!

■ MEMORIES
✆ +30 22860 31918
www.memorieshotel.gr/index.php/
info@memorieshotel.gr
Habitación desde 90 € en verano, desayuno incluido.
Este pequeño hotel de 27 habitaciones se encuentra justo enfrente de la playa de arena negra de Monolithos. Las habitaciones dobles son modernas y espaciosas; también hay cuatro triples y una suite nupcial. Todas son coloridas y cómodas. Sin embargo, si busca algo más que paz y tranquilidad, no es la mejor opción. El lugar está un poco aislado, lo que promete una paz y una tranquilidad absolutas, que sin duda le costará encontrar en otro lugar de Santorini. Un establecimiento ideal para pasar unas vacaciones relajantes frente a las aguas cristalinas del Egeo.

■ SCORPIOS BEACH
✆ +30 22860 33696
www.scorpioshotel.gr
info@scorpioshotel.gr
Estudio para dos personas: de 55 a 140 € en verano, desayuno incluido.
Encantador complejo vacacional que dispone de catorce estudios, ocho apartamentos e incluso una casita. Todas las habitaciones tienen una práctica cocina americana y televisión vía satélite. Dispone de piscina y servicio de alquiler de coches.

KAMARI

A catorce kilómetros al sureste de Fira. La magnífica playa de arena negra de Kamari acoge a los turistas que buscan más comodidad y tranquilidad que en Perissa. Los numerosos hoteles y bares que flanquean la playa ofrecen un buen nivel de alojamiento a precios razonables. Sin embargo, hay que tener cuidado, ya que esta localidad costera está invadida por los operadores turísticos. Por ello, suele estar abarrotada. Disfrute de una caminata por el paseo marítimo a última hora de la tarde, aunque lo sobrevuelen los aviones. Cerca del mar verá algunas ruinas de antiguas viviendas. En el monte Elías, la iglesia bizantina de Episkopi, fundada en el siglo XI, contiene unos frescos bastante bien conservados.

VISITA

Dormir

Bueno y barato

■ BOATHOUSE HOTEL & STUDIOS
✆ +30 2286 03477
www.boathousehotel.com
boathouse@otenet.gr
*Habitación económica a partir de 60 €.
Desayuno incluido.*
Se trata de un encantador hotel familiar situado en primera línea de playa, a cinco kilómetros del centro del pueblo. Excelente desayuno tipo bufé. Nos encantan sus elegantes habitaciones amuebladas en madera, con suelos de mármol y con vistas al mar o al jardín. Cuentan con nevera, caja fuerte, aire acondicionado y balcón. Además, el hotel dispone de una piscina con bar. Gran ambiente no lejos del centro.

■ DOLPHINS APARTMENTS
✆ +30 22860 33177
www.dolphins-santorini.gr
info@dolphins-santorini.gr

Apartamento para dos personas: de 75 a 90 € en verano, sin desayuno.
Una buena oferta. Estos económicos apartamentos disponen de una cocina totalmente equipada (con vajilla), televisión y conexión wifi gratuita; además de vistas al mar, acceso a la playa y parada de autobús cerca. Una buena opción para familias.

■ HOTEL LEVANTE
✆ +30 22860 32340
www.levante.gr – santorini@levante.gr
Habitación doble desde 70 € en verano, desayuno incluido.
Todas las habitaciones de este hotel disponen de nevera y televisión. Pero es el exterior lo que más nos gusta, con su magnífica piscina y su proximidad a la playa. Acceso a Internet. Organizan cursos de buceo. Para obtener los mejores precios, reserve en línea.

■ SIGALAS
En la playa. ✆ +30 22860 31182
www.hotelsigalas.com
info@hotelsigalas.com

© JAN WOOLCOCK – SHUTTERSTOCK.COM

Playa de Kamari.

© SOPHIE MCAULAY – SHUTTERSTOCK.COM

VISITA

Pequeña iglesia de Kamari.

Habitación doble o estudio para 2 personas: de 95 a 150 € en pleno verano con desayuno.
Hotel pequeño y bastante económico, situado muy cerca de la playa de Kamari. Trate de conseguir un estudio en lugar de una habitación doble: los ofrecen al mismo precio pero los estudios tienen una cocina americana y no solo una nevera. Por lo demás, ¡una bonita piscina e Internet para todos!

■ **POSEIDON BEACH HOTEL**
✆ +30 22860 31698
www.poseidonhotelsantorini.com.gr
info@poseidonhotelsantorini.com.gr
Habitación desde 100 € por noche a principios de temporada, desayuno incluido.
Situado en la calle principal, donde encontrará restaurantes, tiendas y, sobre todo, la playa (está en primera línea), este establecimiento económico ofrece precios bajos al principio o al final de la temporada. Por un módico precio obtendrá habitaciones limpias y muy razonables, con buenas instalaciones y un pequeño balcón como extra. El hotel cuenta con piscina, restaurante y bar. ¡Ideal si ha venido a relajarse! Se halla justo en el paseo marítimo, literalmente a diez metros de la playa y también muy cerca de las tiendas.

Confort o encanto

■ **HORIZON RESORT**
Emm. N. Vamvakousi
✆ +30 69480 68319
https://www.horizonresort.gr
reservations@horizonresort.gr
Este hotel es un pequeño rincón del paraíso. Por supuesto, están las sencillas y bien equipadas habitaciones de estilo cicládico con vistas al mar y a las montañas.
Pero, sobre todo, nos ha llamado la atención la piscina, con su zona para tomar el sol rodeada de palmeras y plantas tropicales.

El Horizon Resort también ofrece un desayuno tipo bufé, un bar y aparcamiento gratuito. Por último, pero no por ello menos importante, goza de una ubicación ideal a tan solo diez minutos a pie del centro de Kamari y a cien metros de la estación de autobuses, lo que facilita los desplazamientos por la isla.

■ KAMARI BEACH HOTEL

✆ +30 22860 31243
www.kamaribeach.gr
info@kamaribeach.gr
*Habitación doble estándar desde 150 €
en temporada, desayuno incluido.*
Bastante *chic,* con un centenar de habitaciones impecables y muy elegantes, piscina, vistas al mar, televisión vía satélite y nevera pequeña en las habitaciones, sala de billar y gimnasio… Un auténtico centro vacacional.

Lujo

■ IMPERIAL MED

Agia Paraskevi
✆ +30 22860 32532
www.imperialmed.gr
info@imperialmed.gr
No muy lejos de la playa de Kamari.
Habitación doble desde 150 € en verano.
¡Cuidado, sublime! Estará usted en el paraíso. Este establecimiento, con su suntuosa piscina, su bar, su restaurante y su atento personal, es también un hotel balneario que ofrece una amplia gama de tratamientos relajantes. En cuanto a las habitaciones, son elegantes y están equipadas con las últimas comodidades. Acceso inalámbrico gratuito a Internet, sauna, bañera de hidromasaje y sala de vapor. Por un suplemento, puede incluso alojarse en un confortable molino con terraza privada.

■ TAMARIX DEL MAR SUITES

✆ +30 22860 31 809
www.tamarix.gr – info@tamarix.gr
Suite desde 150 € por noche. Servicio de enlace con el aeropuerto.
Un lujo diferente. Este hotel fue el último de cinco estrellas que se construyó en la isla, en 2003. Cada suite es única (la más pequeña mide 35 metros cuadrados). Los servicios están a la altura del precio pagado. El desayuno tipo bufé mezcla lo tradicional y lo continental, y es una delicia que da el impulso ideal para el día de turismo. Cerca del mar, en una ubicación agradable, sus habitaciones están limpias y bien decoradas, y son ultraconfortables. Además, dispone de piscina cubierta climatizada, piscina exterior, pequeña piscina para niños, spa, sala de deportes/gimnasio, jacuzzi (privado o compartido), sala de juegos para niños, librería, ordenadores, etc.

Comer

■ ALMIRA RESTAURANT

Playa de Kamari; ✆ +30 22860 30208
cbaja@hotmail.gr
*Abierto desde el mediodía a medianoche.
A partir de 25 € por persona.*
Situado junto al mar en Kamari, el restaurante Almira invita a saborear la cocina griega en un entorno idílico. Este restaurante familiar se distingue por sus platos frescos y auténticos: pescado a la parrilla, tierno pulpo, musaka que se derrite en la boca y generosas ensaladas. Todo ello acompañado de una copa de vino local o un *ouzo* bien frío. Con su amable servicio y sus impresionantes vistas a la playa, es perfecto para un almuerzo relajado o una cena romántica. Un lugar estupendo para degustar los sabores de Santorini con los pies casi en el agua.

■ **BACCHUS**
✆ +30 22860 31700
santorinibacchus@gmail.com
A la entrada del pueblo, a la derecha, frente a la iglesia.
Todos los días de 11 a 24 h. A partir de 20 € por persona.
Abierta desde 1958, en esta taberna familiar tradicional sirven especialidades griegas y locales elaboradas con productos frescos: *keftedes* de tomate, *fava*, ensaladas de hojas de alcaparra… Una carta de vinos locales acompaña esta cocina auténtica. Su terraza a la sombra frente a la iglesia de Kamari y su posición alejada del paseo marítimo la convierten en un lugar auténtico para comer. Los días 9 de julio y 24 de septiembre son muy concurridos, ya que se celebra un espectáculo de danza folclórica coincidiendo con las celebraciones religiosas de la zona.

Salir

■ **CINE AL AIRE LIBRE KAMARI**
✆ +30 22860 31974
www.cinekamari.gr
info@cinekamari.gr
A la entrada del pueblo, en la carretera principal desde Exio Gonia. A 20 minutos a pie del centro de Kamari.
Todas las tardes de mayo a octubre. Proyección a las 20.50 h y película a las 21.30 h. Entrada: 10 €.
Junto con el volcán y la puesta de sol, el cine al aire libre de Kamari es una de las visitas obligadas en Santorini. Las proyecciones a veces se ven perturbadas por el paso de aviones (estamos prácticamente al final de la pista del aeropuerto), pero la principal razón por la que la gente viene aquí es por el ambiente. Películas recientes en inglés

(con subtítulos en griego), helados, bebidas y palomitas. Tenga en cuenta que el servicio de autobús entre Kamari y Fira ya no funciona cuando finaliza la proyección. No olvide reservar un taxi.

PERISSA

Situada al otro lado de Fira, esta localidad costera no tiene vistas a la caldera. Pero, ¿es esto necesario cuando el pueblo, muy bien comunicado por los autobuses locales (a solo media hora de la capital), se extiende a lo largo de una hermosa playa de arena negra de siete kilómetros? Seamos claros: los visitantes eligen este lugar sobre todo para bañarse. También hay que tener en cuenta que Perissa es frecuentada sobre todo por jóvenes, más interesados en la fiesta que en la comodidad y el encanto. Sin embargo, la playa sigue siendo bastante agradable, lo suficientemente grande como para no estar abarrotada, y representa una base práctica, y a menudo menos cara, de un interés a menudo insospechado. Es una localización muy interesante desde la que visitar la isla.

Transporte

■ **MOTOMANIA**
✆ +30 22860 82322
www.motomania-santorini.com
santorini@motomania-santorini.com
Entrega y recogida de vehículos en el puerto, el aeropuerto, la agencia o en su hotel. Asistencia 24 horas al día, siete días a la semana. Dependiendo del periodo, la categoría del vehículo y la duración del alquiler, precios por día desde, moto: de 25 a 55 €; quad y escúter: de 20 a 50 €; bicicleta: 15 €.
Sin duda el mejor lugar para alquilar

VISITA

un escúter o una moto en Santorini. Markos, el propietario, es conocido por su seriedad y sus habilidades mecánicas, y ofrece una amplísima selección de vehículos de dos ruedas, algunos de los cuales se renueva cada año. Puede entregárselo y recogerlo en el aeropuerto, en su hotel o en el puerto. La garantía de un servicio perfecto.

■ **SANTORINI CAR RENTALS**
✆ +30 22860 82880
https://santorini-rent-a-car.com/accordo@otenet.gr
Todos los días de 8 a 22 h.
Una agencia de alquiler de coches seria y profesional con sede en Perissa. Es sin duda la mejor de la isla en cuanto a relación calidad-precio. Las reservas se realizan de forma muy sencilla a través del sitio web, y es posible recoger (y devolver) el vehículo alquilado en cualquier punto de Santorini, lo que resulta muy práctico para quienes desean optimizar el tiempo de viaje. El equipo de Santorini Car Rentals también ofrece excursiones y traslados privados. El sitio web proporciona abundante información para ayudarle a organizar su estancia en la isla.

Dormir

Bueno y barato

■ **ANNY STUDIOS**
✆ +30 22860 82669
www.annystudios.com
annysantorini@gmail.com
32 habitaciones para de una a cinco personas: de 35 a 180 €.
Hemos visto alojamientos con más encanto en las Cícladas, pero este pequeño complejo de 32 habitaciones con balcón privado está muy bien situado y es totalmente funcional. Dispone de piscina, aparcamiento e Internet gratuito en las habitaciones. Además, puede disfrutar de un desayuno continental por cuatro euros por persona… y de precios inmejorables.

© MICHAEL WARWICK – SHUTTERSTOCK.COM

Iglesia ortodoxa de Timiou Stavro, en Perissa.

■ **IRIGENEIA**
✆ +30 22860 27090
www.irigeneia.gr
info@irigeneia.gr
A 150 m de la playa.
Habitación entre 63 y 105 €, según el periodo y la categoría, con desayuno y traslado al aeropuerto incluidos.
Pequeño hotel de doce habitaciones de reciente construcción a precios muy razonables. Elegantemente decorado. Muy buena ubicación. Todas las habitaciones tienen nevera y televisor. La playa de Perissa está a 150 metros y hay un restaurante y bar-cafetería a 60 metros. Aparcamiento. Wifi. Servicio de lavandería.

Confort o encanto

■ **ADELPHI APARTMENTS**
Cerca de la iglesia.
✆ +30 22860 27567
www.adelphi-santorini.com
adelphisantorini@gmail.com
Apartamentos desde 120 € en verano. Traslado gratuito a la llegada.
No se arrepentirá de haber dejado las maletas en este complejo de unos diez estudios y apartamentos amueblados con gusto. A diferencia de otros estudios (¡por lo demás muy buenos!) que visitamos, estos destacan por la atención de los propietarios al detalle (desde la lavadora hasta la cafetera de filtro).
Rápidamente se siente uno como en casa, y los dos propietarios estarán encantados de compartir con el viajero los mejores secretos de su isla. La playa está a solo un centenar de metros y se puede volver aquí en paz y tranquilidad, o incluso comer en la terraza de manera más económica.

■ **ARAPIOU APARTMENTS**
✆ +30 2286081831
www.arapiou-apartments.com
arapioumarinos@hotmail.com
En una calle perpendicular a la playa central.
Desde 80 € por noche en verano.
A solo setenta metros de la playa, el complejo hotelero Arapiou ofrece una acogida cálida y profesional. Sus once apartamentos y estudios están muy limpios y bien decorados, y las instalaciones son muy completas. El hotel está a poca distancia de la playa, de las tiendas locales y de los numerosos lugares de ocio de Perissa.

■ **LUCIA VILLAS**
https://www.luciavillas.gr
info@luciavillas.gr
Lucia Villas es un hotel de dos estrellas que ofrece a sus huéspedes una estancia relajante y elegante. Dispone de piscina al aire libre, restaurante, aparcamiento gratuito y conexión wifi gratuita. Destaca especialmente por su ubicación y por los servicios, algunos orientados a los niños. Admiten mascotas.

■ **MELTEMI VILLAGE**
www.meltemivillage.gr
meltemi@otenet.gr
Habitación entre 70 y 270 € por noche; los precios varían según el periodo y la categoría. Servicio de enlace al aeropuerto.
Ambiente agradable, joven, dinámico y multilingüe. El hotel está muy bien situado y dispone de todas las facilidades que pueda necesitar, dependiendo de lo que busque, desde paz y tranquilidad hasta visitas turísticas. Unas vacaciones de verdad. Aire acondicionado, wifi, piscina, restaurante, bar, gimnasio…

VISITA

PORTO PERISSA HOTEL

www.portoperissa.com
hotelportoperissa@gmail.com
Habitación desde 70 €, desayuno incluido.
El Porto Perissa está situado a solo cincuenta metros de la famosa playa de arena negra de la localidad, y ofrece habitaciones sencillas con aire acondicionado. Cuenta con dos piscinas, una de ellas para niños. Las habitaciones están decoradas en estilo tradicional. Se trata de un hotel pequeño y sin pretensiones, limpio y típico. Su ubicación es ideal en Perissa, y se puede llegar a la playa muy rápidamente. Las habitaciones están relativamente bien equipadas. El personal es muy amable y está dispuesto a hacer su estancia agradable. El desayuno es muy razonable.

STELIOS PLACE

En la playa; www.steliosplace.com
splace@otenet.gr
Habitación entre 45 (temporada baja) y 150 € por noche, según el periodo y la categoría. Desayuno no incluido.
Un pequeño y bonito hotel familiar situado justo al lado de la playa. Su ambiente acogedor es conveniente en cualquier época del año porque permite disfrutar de la paz y la tranquilidad de la zona. Limpio y bien equipado, las habitaciones son confortables. Gran relación calidad-precio para una estancia inolvidable. Aparcamiento gratuito y cocina compartida.

VILLA MAISTRALI

https://www.villa-maistrali.gr
info@villa-maistrali.gr
El Villa Maistrali es un hotel de dos estrellas con dieciocho habitaciones cómodas y coloridas a solo ochenta metros de la magnífica playa de arena negra de Perissa. Goza de una ubicación ideal, a solo cincuenta metros de la estación de autobuses, con conexiones regulares a otros destinos de la isla. A pocos pasos del hotel también encontrará una amplia variedad de bares, tiendas y restaurantes. Para relajarse, puede disfrutar de su nueva piscina en la azotea y contemplar la puesta de sol con una copa de vino.

VILLA SPYROS

✆ +30 697 329 6600
www.villaspyros.com/
A solo 130 metros de la carretera principal y de la playa de Perissa.
A partir de 60 € por noche a principio de temporada.
Un encantador complejo de estudios y apartamentos gestionado por una propietaria dinámica y atenta, tan profesional como sonriente. Petros, el compañero de Sophia, se encarga del mantenimiento de las habitaciones, tarea que realiza con perfección, disciplina y amabilidad. El hotel está a un corto paseo de la amplia playa de Perissa, y es ideal para admirar las puestas de sol y los amaneceres en el impresionante paisaje. La ubicación es perfecta para explorar los alrededores, pero también para aprovechar la proximidad de las tiendas, tabernas y bares.

Comer

DODO'S SANTORINI

Playa de Perivolos; ✆ +30 22860 83332
dodosantorini.com
edmondchehinee@gmail.com
Abierto todo el año. Calcule 20 € por persona.
En la playa de Perivolos, cerca de Perissa, esta marisquería es una agradable sorpresa. Pero no solo hay marisco: la musaka, por ejemplo, es deliciosa. La bonita plataforma con bar y piscina en la playa es un lugar ideal para relajarse lejos del bullicio de Fira.

Antigua ciudad de Thera.

■ **TAVERNA LAVA**

Epar.Od. Firon-Ormou Perissis, Fira

✆ +30 6982 274 845

tavernalava.com

Abierto todo el año de 17 a 22 h en temporada (de 14 a 22 h los sábados y de 14 a 18 h los domingos). Alrededor de 20 € por persona.

Situado en un extremo de la playa, este restaurante ha conservado todas las cualidades y el ambiente de una taberna tradicional, con mesas y sillas de madera azul y blanca colocadas en un porche de hormigón junto al mar, a la sombra de un gran pino que casi abraza la playa. Yiannis, el propietario, se encarga de que todo esté preparado con esmero. Los platos del día (hojas de parra rellenas, pimientos rellenos de queso, *gemista* rellena de arroz y *soutzoukakia* picante) se exponen en un escaparate especial junto a la pesca del día.

■ **TRANQUILO**

✆ +30 2286 085230

tranquilo.santorini@gmail.gr

Todos los días de mediodía a medianoche. 15 € por persona.

Imprescindible al llegar al embarcadero de Perissa: un restaurante muy colorido, con sombrillas de paja, hamacas, sofás bien provistos de cojines, tumbonas bien tapizadas y mucha vegetación. La comida es excelente y abundante, y muy barata. Además, el restaurante presume de apoyar el comercio justo y a los productores locales independientes.

En cualquier caso, todo es ecológico y, siempre que sea posible, griego. Las ensaladas son abundantes y también ofrece una buena selección de platos vegetarianos y veganos. 🌿

Qué ver – Qué hacer

■ **ANTIGUA CIUDAD DE THERA**

Archaia Tira

✆ +30 22860 25405

A 2 km al norte de Perissa.

Todos los días, excepto los miércoles, de 8.30 a 15.30 h. Entrada: 6 €.

Este yacimiento arqueológico (Αρχαία Θήρα/Archaia Fira) alberga los importantes restos de la ciudad de Thera, fundada por los espartanos en los siglos VIII o IX a. C. Ocupa la colina del cabo de Mesa Vouno («en la montaña»), a 365 metros sobre el nivel del mar, y ofrece unas vistas grandiosas. Se accede a través de una impresionante carretera, estrecha y sinuosa, desde Kamari (2,6 km), o bien por dos senderos, uno que sube desde Perissa (1,6 km) y otro que baja desde el monasterio de Profitis Ilias (2,4 km). La ciudad recibió su nombre en honor a su mítico fundador, Theras, un héroe espartano de Tebas. Tras un periodo de sequía, fue parcialmente abandonada hacia el año 630 a. C., cuando algunos de sus habitantes partieron para crear la colonia espartana de Cirene, en Libia. Los restos actuales datan principalmente de la época helenística: hacia el 288 a. C., la dinastía de los Ptolomeos, fundada por uno de los generales de Alejandro Magno en Egipto, se apoderó de Thera para convertirla en una base naval. Posteriormente, la ciudad siguió siendo el único asentamiento importante de la isla. Quedó desierta en el 726 tras una erupción o una incursión árabe. El recorrido de un kilómetro ofrece unas inmensas vistas panorámicas hacia el mar, pero no hay sombra y hace mucho viento.

▶ **Bajorrelieves del témenos de Artemidoro.** Primero se ven las ruinas de un santuario dedicado a Afrodita (fundado en el siglo VIII a. C. y reconstruido en el siglo I a. C.), después las del témenos de Artemidoro (siglo III a. C.). Antiguo cazador de elefantes y almirante de los Ptolomeos, Artemidoro de Perga se instaló en Thera como sacerdote del culto a Artemisa. En este santuario se honraba a varias deidades. Hay bajorrelieves del águila de Zeus, el león de Apolo Stephaniforos («coronado») frente al trono de Tique (diosa del Destino), el delfín de Poseidón y el retrato de Artemidoro acompañado de una inscripción para que su nombre permanezca inmortal. A la vuelta de la curva se encuentra la iglesia de Agios Stefanos (siglo VIII o IX), construida sobre una gran basílica paleocristiana del siglo VI. Tras recorrer unos 400 metros más se llega al corazón de la ciudad, con el ágora, una plaza de mercado flanqueada por las ruinas de un templo dedicado a Dionisio (siglo III a. C.) y las escalinatas de tres exedras (lugares de reunión), que gozaban de unas vistas privilegiadas. Más arriba se encuentran los restos de un cuartel (siglo III a. C.) y de un gimnasio (siglo II a. C.), seguidos de las viviendas.

▶ **Apolo y dioses egipcios.** El camino principal continúa en el ágora sur con la estoa «real» (siglo III a. C.), un pórtico dórico de 46 metros de largo que albergaba el «juramento de los fundadores», un texto que obligaba a cada familia de Thera a proporcionar un colono a Cirene. Detrás del pórtico hay una piedra grabada con un falo procedente de una antigua villa. Le siguen dos edificios de época romana (siglo I d. C.) enfrentados: las termas y la denominada Casa de Tique, donde se descubrieron estatuillas de la diosa. La ciudad termina con los restos de tres edificios: un pequeño teatro con capacidad para 1500 espectadores (siglo II a. C.), el templo de Apolo Pitio (fundado en el siglo VI a. C. y remodelado posteriormente) y el santuario de los dioses egipcios (siglo III a. C.), donde los soldados de Ptolomeo rezaban a Isis, Anubis y la divinidad grecoegipcia Sarapis. La visita termina trescientos metros más adelante, en el templo de Apolo Karneios (siglo VI a. C.), donde se honraba al dios de las artes, como en Esparta, como protector del ganado.

Deportes – Relax – Ocio

■ **WAVESPORTS**
Playa de Perivolos
✆ +30 6944 554 401
www.wavesports.gr
info@wavesports.gr
Moto acuática: desde 50 € por persona (o 60 € para dos personas) durante diez minutos. Parasailing: desde 80 € por persona (o 100 € para dos personas). Entre las muchas actividades que se ofrecen aquí, el *parasailing* frente a la costa de Perivolos es una forma realmente inolvidable de contemplar el litoral meridional de la isla desde el aire. Despegará desde una embarcación alquilada especialmente y volará sobre el mar. Una tripulación certificada se encargará de que disfrute de todo el viaje con total seguridad. Claro que no es barato, pero es bastante único. También puede conocer la costa de la isla en *flyboard* o, más cerca del nivel del mar, en barco, moto acuática o *tubing*.

INFO PRÁCTICA

Campanario de la iglesia de Agios Spyridon.
© MAGDALENA PIECEWICZ - ISTOCKPHOTO.COM

INFO PRÁCTICA

Dinero

▶ **Moneda.** Santorini, como el resto de Grecia, forma parte de la zona euro.

▶ **Presupuesto.** Los precios varían considerablemente según la época del año y la ubicación de la isla. Pero en las zonas turísticas son elevados, más que en el resto de Grecia y de la mayoría de las Cícladas. En los lugares más turísticos, como Oia y Fira, los precios son relativamente altos. Por otro lado, algunos pueblos aún no se han visto demasiado afectados por el turismo, y allí los precios siguen siendo asequibles y un poco más bajos que la media de la isla: ¡hay que saber a donde ir!

▶ **Bancos.** No tendrá problemas para encontrar uno en cualquier pueblo. Son omnipresentes y suelen abrir de 8.30 a 13 o 14 h, de lunes a viernes. En la isla hay cajeros automáticos las 24 horas.

▶ **Tarjetas bancarias.** Como Grecia es miembro de la zona euro, se puede retirar dinero y pagar con tarjeta bancaria (Visa, MasterCard, etc.) igual que en España. No es necesario llevar grandes sumas de dinero en efectivo. Todos los pagos con tarjeta son gratuitos y las retiradas de efectivo están sujetas a las mismas comisiones que en España (así que la mayoría de las tarjetas bancarias no pagan). Además, los cajeros automáticos y los terminales de pago son tan seguros como en España, y la mayoría de los pagos se validan mediante código PIN.

En caso de pérdida o robo de su tarjeta en el extranjero, su banco le ofrecerá soluciones adecuadas para que pueda continuar su estancia con toda tranquilidad. Antes de partir, anote el número de asistencia que figura en el reverso de su tarjeta bancaria o que está disponible en Internet. Este servicio está activo las 24 horas del día, 7 días a la semana. En caso de suspensión del pago, se confirmará inmediatamente en cuanto pueda facilitar el número de su tarjeta bancaria. En caso contrario, la suspensión queda registrada, pero deberá confirmar la anulación a su banco por fax o carta certificada.

▶ **Antes de partir.** No olvide informar a su asesor bancario sobre su viaje, quien podrá comprobar si se han establecido sus límites de pago y retirada. Si es necesario, solicite una autorización excepcional para aumentar su límite.

Equipaje

Si solo va a la playa, en verano bastará con un bañador y una toalla. No olvide tampoco la gorra, la crema solar y las gafas de sol, ya que el sol es muy intenso. Y las noches siguen siendo cálidas y especialmente agradables. Como norma general, lleve calzado cómodo y resistente si desea salirse de los caminos trillados y disfrutar de los pocos paseos que ofrece la isla. En temporada media, no olvide llevar algo de abrigo y, si es posible, un fino cortavientos para caminar por cubierta durante los paseos en barco.

QUÉ HACER / QUÉ NO HACER

Qué hacer

▶ **Dejar una pequeña propina simbólica,** normalmente el 5 o 10 % de la cuenta.

▶ **Seguir el ritmo del país. Como en España,** se come hacia las 14 o las 15 h y se cena hacia las 22 h.

▶ **Sentarse en un *kafeneio*** y observar a los ancianos del pueblo mientras hablan y juegan al *tavli* (backgammon).

▶ **Aprovechar el aceite de oliva y los productos locales,** la dieta mediterránea (verduras, hierbas aromáticas, etc.) y la dieta de Santorini (tomates, alcaparras, miel, etc.).

▶ **Si alquila un escúter,** asegúrese de hacerlo con una agencia que ofrezca modelos recientes. Los accidentes son frecuentes. Si viaja en un vehículo de dos ruedas, aunque la temperatura sea de 40 °C, le aconsejamos que lleve pantalones y calzado cerrado, así como casco. De esta manera limitará los daños en caso de caída.

▶ **Si el precio de algo (un bien o un servicio) no se ha indicado claramente desde el principio,** pregúntelo. Así evitará sorpresas desagradables.

▶ **Hacer un esfuerzo por comunicarse.** Guste o no, el inglés se ha convertido en la lengua franca entre pueblos. Si esto no es de su agrado, ¡nada le impide aprender algunas palabras en griego! Le querrán aún más. En cualquier caso, con el español, paciencia y una sonrisa, todo irá bien, ¡no se preocupe!

▶ **Respetar el medio ambiente.** No deje nada en medio de la nada, ¡aunque los lugareños no sean necesariamente un modelo a seguir! En las playas, lleve ceniceros de cartón reutilizables, disponibles en los ferris.

Qué no hacer

▶ **Entrar en una iglesia o monasterio en bañador o pantalón corto.** En su lugar, lleve ropa que le cubra las rodillas y los hombros (un pañuelo bastará).

▶ **Impacientarse** cuando el servicio en un restaurante es lento.

▶ **Alimentar a los gatos** en los restaurantes; aunque estén maullando a los pies de su mesa, no lo haga, ya que les animará a molestar al siguiente que pase. Los dueños suelen ocuparse de ellos.

▶ **Molestar a la gente.** No haga ruido a la hora de la siesta: es sagrada.

▶ **Fotografiar** a hombres con trajes tradicionales o religiosos sin preguntar. Pida permiso antes.

▶ **Tirar papel** por el retrete.

Electricidad

Grecia tiene una tensión de 220 voltios CA, 50 Hz, como el resto de Europa continental. Los enchufes son similares a los españoles.

Formalidades

Para los ciudadanos de la Unión Europea, basta con un documento de identidad o pasaporte. Para los menores no acompañados, se requiere un permiso de salida (formularios disponibles en ayuntamientos o comisarías de policía).

▶ **Documentación necesaria si viene en coche.** Permiso de conducir nacional o internacional, Carta Verde del seguro.

▶ **Obtener un pasaporte.** Desde el 2015, todos los pasaportes expedidos en España son biométricos. Incluyen su foto, sus huellas dactilares y un chip seguro. Para obtenerlo, pida cita a través del web www.citapreviadnie.es/citaPreviaDni/en en su comisaría más cercana. Los niños deben tener un pasaporte personal (válido por cinco años).

▶ **Un consejo.** Antes de salir, no olvide fotocopiar toda la documentación. Llévese una copia de cada documento y deje la otra con alguien en España. Si pierde o le roban los documentos, le resultará mucho más fácil renovarlos ante las autoridades consulares.

Idiomas

La lengua oficial es el griego moderno. La mayoría de los griegos dominan el inglés, y los griegos mayores hablan a veces español. En aquellos lugares menos frecuentados por turistas no siempre se hablan lenguas extranjeras. Un pequeño esfuerzo lingüístico le abrirá puertas y le facilitará hablar con los lugareños.

▶ **Aprender el idioma.** Hay varias formas de aprender las bases de la lengua, y el autoaprendizaje puede hacerse utilizando diversos medios (CD, DVD, cuadernos), pero especialmente en Internet (Duolingo, una aplicación educativa muy instructiva, buena tanto para niños como para adultos).

Cuándo ir

Por supuesto, el tiempo más caluroso es en verano, pero si puede elegir, evite agosto, cuando los lugares y hoteles están abarrotados de turistas griegos y visitantes internacionales. La primera quincena de julio es ideal. Los periodos más tranquilos son la primavera y el otoño. Las condiciones también son ideales entre Semana Santa y finales de junio: el tiempo es suave y los lugares aún no están abarrotados, mientras que el transporte ya está organizado para la temporada estival. Además, los precios de los hoteles aún no son los de la temporada alta. En invierno, la mayoría de los hoteles y restaurantes cierran.

▶ **Clima.** El clima es muy caluroso en julio y agosto y agradable de mayo a octubre. Por supuesto, cuanto más al sur, más calor: en Rodas, por ejemplo, todavía se puede nadar en noviembre.

▶ **Temporada turística alta y baja.** En las islas, la temporada turística dura desde principios de mayo, cuando el tiempo empieza a ser templado, hasta mediados de octubre —o incluso finales—, cuando empieza a llover. Los meses de julio y agosto se consideran temporada alta en otros lugares (en agosto, incluso muy alta). Cabe destacar que el clima de las islas permite descubrirlas en periodos mucho más tranquilos y serenos, es decir, en mayo, junio y septiembre. Así que ¡tome nota!

▶ **Fiestas especiales.** Para unas vacaciones que coincidan con una gran fiesta popular, opte por un viaje en Semana Santa (no olvide consultar la fecha de la Pascua ortodoxa en un calendario). Es una fiesta importante, cálida y popular que dura unos diez días. Pero también cuesta lo suyo: los precios suben un 9 % en todas partes debido a un impuesto religioso. Durante las fiestas religiosas, algunas instalaciones turísticas permanecen cerradas. Es mejor no planear ninguna visita en esos días.

Salud

Como el resto de Grecia, las islas griegas no presentan riesgos sanitarios importantes. El agua es potable y la higiene es equivalente a la de España. No hay vacunas recomendadas antes de partir. Sin embargo, tenga cuidado con las picaduras de mosquitos, las garrapatas al acampar y, sobre todo, las quemaduras solares.

▶ **Consejos.** Para recibir información antes de su viaje, no dude en consultar a su médico. También puede dirigirse a la web del Ministerio de Asuntos Exteriores en el apartado « Recomendaciones de viaje » (https://www.exteriores.gob.es/es/ServiciosAlCiudadano/Paginas/Recomendaciones-de-viaje.aspx).

▶ **Emergencias.** En caso de enfermedad, póngase en contacto con el consulado español. Ellos podrán ayudarle, acompañarle y facilitarle una lista de médicos. En caso de complicaciones, el consulado también informará a la familia y decidirá si repatriarle o no.

Seguridad

Grecia es uno de los países más seguros de Europa. El único peligro real al que puede enfrentarse en Grecia está en la carretera: el país ocupa un asombroso cuarto lugar en la lista mundial de los países más mortíferos para los conductores. Los griegos siguen siendo alérgicos al uso del cinturón de seguridad y el casco, y les encanta usar el teléfono mientras conducen. Así que quien viaje en coche debe tener mucho cuidado en las carreteras. Como en la mayoría de los grandes centros turísticos, los carteristas están a la orden del día. Así que compruebe que sus maletas están bien sujetas y evite meter los documentos de identidad, la cartera y grandes sumas de dinero en el bolsillo trasero de la mochila. Por último, existe el riesgo de terremotos en Santorini. Cuando estamos cerrando la guía (febrero 2025) se llevan contados más de 3000 temblores en quince días.

▶ **Mujeres solas.** Grecia es un país extremadamente seguro para las mujeres que viajan solas. En una isla, los riesgos son prácticamente inexistentes (aunque esto no excluye la posibilidad de ser objeto de la atención de algunos hombres, a veces de forma insistente o desagradable).

▶ **Viajar con niños.** De primeras puede que no todo sea como parece: si algún griego (sobre todo, gente mayor) escupe junto a su cochecito, no lo malinterprete, pues una antigua superstición dice que los escupitajos ahuyentan a los demonios...

En general, Grecia es un país bastante seguro para visitar con niños. Se sentirá cómodo y sus hijos, por muy revoltosos que sean, serán bien recibidos. Sin embargo, no espere que el país se exceda en infraestructuras. Hay lo mínimo: entradas a museos y barcos a mitad de precio, tarifas moderadas en hoteles y, por regla general, entrada gratuita para niños menores de cuatro años. Los transbordadores más recientes disponen de cambiadores de bebés.

▶ **Viajeros con discapacidad.** Grecia aún no está muy bien equipada para el turismo adaptado. Sin embargo, cada vez más hoteles mejoran su accesibilidad.

▶ **Viajeros LGTBI.** Aunque cada vez más bares y discotecas de las principales ciudades hacen hondear la bandera arco iris, no puede decirse que los griegos sean del todo tolerantes y abiertos sobre la cuestión de la homosexualidad. De hecho, como país altamente religioso, Grecia es relativamente conservadora. Sin embargo, en las zonas turísticas no suele haber de qué preocuparse, y Santorini tiene fama de ser un lugar donde no se molesta a las parejas de enamorados.

Teléfono

▶ **Para llamar de Grecia a España:** marque 00 34 seguido del número.

▶ **Para llamar de España a Grecia:** marque 00 30, seguido del número.

▶ **Teléfono móvil.** Como Grecia está en la Unión Europea, ahora puede utilizar su paquete de la misma manera que en España sin pagar más (a los teléfonos españoles). Sin embargo, todas las llamadas realizadas desde o a un número extranjero quedan fuera del paquete, incluidas las realizadas al buzón de voz.

▶ **Tarjeta de prepago griega.** Se puede comprar una tarjeta SIM de las operadoras Vodafone, Otenet o Wind, por 5 euros, introducirla en el móvil (siempre que esté desbloqueado) e ir recargándola en cualquier *periptero* («quiosco») o directamente en las agencias de las operadoras mencionadas, en Fira.

© CMART7327

Yacimiento arqueológico de Akrotiri.

ÍNDICE DE CONTENIDO:

© SVEN HANSCHE - SHUTTERSTOCK.COM

Cyclades.

© AVATAR_023 · SHUTTERSTOCK.COM

De compras.

■ N ■

■ O ■

■ P ■

■ R ■

■ S ■

■ T ■

EDICIÓN

Coordinación de la colección:
ALHENAMEDIA, Stéphan SZEREMETA, Dominique
AUZIAS y Jean-Paul LABOURDETTE

Autores: Baptiste THARREAU, Pauline BOYER,,
Jean-Paul LABOURDETTE, Dominique AUZIAS
y otros

Director editorial: Francisco BARGIELA

Editora: Elena CODINA

Traducción y corrección: Almudena RUIZ, Matías
GALLEGUILLOS

DISEÑO Y DIAGRAMACIÓN

Maquetación y montaje: María de los Llanos
ZOTES, Romain AUDREN, Julie BORDES, Delphine
PAGANO

Iconografía y cartografía: Anne DIOT,
Julien DOUCET

AUTORES Y CREADORES DE LA COLECCIÓN

Dominique AUZIAS y JEAN-PAUL LABOURDETTE

© Textos: Dominique AUZIAS
y JEAN-PAUL LABOURDETTE

© Mapas: Petit Futé

© Edición en español: Alhena Fábrica
de Contenidos y Petit Futé

© Traducción: Alhena Fábrica de Contenidos
y Petit Futé

Editado por **Alhenamedia** conjuntamente con **Les
Nouvelles Editions de l'Université,** 18, rue des
Volontaires, París, Francia.

Publicado originalmente en Francés por Les
Nouvelles Editions de l'Université bajo el título
Santorini.

■ CARNET DE VIAJE SANTORINI ■

ALHENAMEDIA
C/ Rabassa, 54, local 1. 08024 Barcelona
Tel. +34 934 518 437
alhenamedia@alhenamedia.info
www.alhenamedia.info
Cubierta: *Pyrgos.* © cge2010 - Shutterstock.com
ISBN : 978-84-18086-66-3
Depósito legal: B-5178-2025
Impreso en España por
Gráficas Lidergraf

EU Ecolabel:
PT/053/001

RECOJA Y RECICLE EL PAPEL USADO